KUWEI
酷威文化
图书 影视

居里夫人的故事

THE RADIUM WOMAN

[英] 埃列娜·杜尔利 / 著
陈元飞　谢　萌 / 译

江苏凤凰文艺出版社
JIANGSU PHOENIX LITERATURE AND ART PUBLISHING

目录 CONTENTS

译者序

悦读居里夫人 塑造价值人生

青少年朋友们，你们是否知道，爱因斯坦和居里夫人都曾深入探讨过“相对论”？他们是怎么深入探讨的呢？又列举了哪些例子？爱因斯坦曾评价居里夫人是“所有著名人物中唯一没有被名望毁掉的人”。为什么他会这么说呢？居里夫人到底是如何一步一步地获得名望的呢？这些疑问的答案，正是本书要告诉你们的。《居里夫人的故事》（*The Radium Woman*）是一本小型传记译著，为青少年朋友们展示了两次获得诺贝尔奖的伟大的物理学家、化学家玛丽·斯可罗多夫斯卡·居里（Maria Skłodowska Curie，1867 年 11 月 7 日—1934 年 7 月 4 日）跌宕起伏、波澜壮阔的一生。

一、作者杜尔利

本书作者维多利亚·埃列娜·路易斯·杜尔利（Victoria Eleanor Louise Doorly，1880—1950）生于牙买加。由于父亲突然过世，七岁的她被姑妈收养，迁居英国。杜尔利毕业于伦敦大学，获得了语言学学士学位和历史学硕士学位，这在当时是十分了不起的。不久她成了一位受人尊敬的中学教师，之后又成了一名卓越的教育管理者，在沃里克国王高中担任校长达二十二年，学校在她的管理之下取得了长足发展。

身为教育家，杜尔利十分关爱学校的孩子们，并鼓励学生们大量地读书，尤其是名人传记。她为此亲自写了很多作品，也因此成了著名的儿童文学作家。她曾在法国读中学，因此她一生都钟情于法国。所以，她给英国的孩子们写下了三部法国著名科学家的小传记——昆虫学家法布尔、微生物学家巴斯德、物理学家和化学家居里夫人。其中《居里夫人》荣获1939年英国卡内基（Carnegie）儿童文学大奖，也是该年度的最佳儿童读物，后被译为各种欧洲语言，又被译介到中国、日本、印度等国家，从而影响了全世界。《观察家报》的评论家写道："这本书特别值得称赞，尽管本书是写给孩子们看的，却又是脉络清晰的学术研究典范，所以成年人会像孩子们一样喜欢该书。”

二、传主玛丽

1. 玛尼娅的求学生涯

居里夫人原名玛丽·斯可罗多夫斯卡，小名玛尼娅，1867 年生于波兰首都华沙。当时，波兰已被普鲁士（即德意志）、奥地利、俄罗斯三大帝国瓜分，灭国七十余年。玛丽的童年完全笼罩在俄国沙皇亚历山大二世的残暴统治之下：女孩不能读大学，即便在小学，也只能学俄语，不能学波兰语。但玛尼娅在小学里经常偷偷带着小伙伴们一起学习波兰语和波兰的历史，天资聪颖的她，总能机智地躲过随时冲进课堂的俄国审查官。然而，玛丽还不满十岁，对她影响最深的大姐素希娅因伤寒病去世；十岁时，患结核病的妈妈又早早地离她而去。面对国破家亡，现实的残酷让可怜的玛丽过早地理解了人生，但她始终没有屈服。

后来，为资助姐姐去巴黎读医学院，还差一个月就满十八岁的玛丽，本应去读大学的她，毅然去乡间应聘，开始了她作为住家乡村家庭教师的六年生涯。这期间，她还经常往返华沙，照顾年迈的父亲。这是玛丽漫长的低谷期：当时，家庭教师地位低下，没有机会接触新知识；她和主顾家的大儿子谈了一场所有人都反对的恋爱，最终分手，这让她越发心碎。她写给姐姐的信越来越长，可她根本买不起邮票；她又哀怨姐姐不给她写信，后来才想到姐姐也没钱买邮票。

姐姐毕业后，二十四岁的玛丽才有机会去法国，在巴黎大学的前身索尔本大学读书。当时玛丽一无所有，但她发愤图强，刻苦读书，经常废寝忘食，几次饿晕，因为她几乎没钱吃饭。冬夜，宿舍里冷到结冰，她冻得把所有衣服甚至连椅子都盖到身上，整晚都不敢动。鞋子穿破了买双新的，都会让她拮据好几个星期。可她却以苦为乐，还作诗自勉。玛丽以钢铁般的意志，获得了物理和数学两个学位，并继续攻读，终生学习。

2. 成为居里夫人

玛丽在做研究寻求帮助的过程中认识了皮埃尔·居里。由于两人志同道合，兴趣相投，皮埃尔对她展开了坚定而执着的追求。经历了长达一年的考虑之后，玛丽幸福地成为了居里夫人。

对世间万物都有非凡好奇心的玛丽发现，含有铀和钍的矿物质，其整体放射性远超其中铀和钍的放射性之和，实验了二十遍结果都是如此。于是，她推测其中一定还有其他放射性物质。她开始进行研究，并于 1898 年 7 月发现了新的放射性物质，命名为钋（Polonium），以纪念祖国——其时波兰（Poland）已经亡国一个世纪。可是，即便加上钋，这三种物质的放射性之和也依然远低于该矿物质整体的放射性。经过周密的推断和研究，1898 年 12 月，居里夫人低调地宣布，她发现了第四种放射性物质，命名为镭，可科学界并不承认。为证明这一切，玛丽必须计算出镭的原子量。此时，丈夫皮埃尔成为了她事业的坚定支持者，于是居里夫妇四处寻找场地，又想方设法运来一吨（100 万克）沥青铀矿残渣当原料，找来简陋的提炼设备……抚养孩子之余，居里夫妇历经严寒与酷暑，忍受着没有工作和收入的窘迫，一年变成了两年，两年变成了三年，三年变成了四年！终于，居里夫妇在绝望的大山中，一点点雕琢出这千万分之一的希望——他们最终分离出 0.1 克放射性极强的氯化镭！“黑暗的屋子里有零星光亮，像苍白的蓝色月光在水上舞蹈，点点荧光一闪一闪，永不停歇。”居里夫妇测得镭的原子量为 226，二人因此获得 1903 年诺贝尔物理学奖——在事实面前，整个科学界都低下了头。

“你能看见镭，而且感觉它是静止不动的，却不知就在你盯着它看时，它的内在活动隐藏着生产、冲突、杀戮和自杀。”镭的英文 Radium 源于拉丁文 Radius，含义为“射线”；一种物质放射一段时间后，其活度就衰变为原来的一半，这段时间即为半衰期，借此可测量很多事物的存在年限，常常被用在科学考古检测等领域。

更令人动容的是，居里夫妇本可就提炼镭的技术申请专利，借此一跃成为千万富翁。但玛丽认为这违反科学精神，坚决放弃了专利权，无偿将镭的提炼技术公之于众。于是，世界各地都建立了放射性研究院，以国家之力，提炼出了镭。而玛丽也就失去了成为富豪的机会——没有资金支持，即便已经成名，居里夫人也无财力再提炼出更多的镭，从而很难进行更深入的科学研究。

3. 居里夫人的爱国热情

后来，居里先生因交通事故意外身亡，玛丽陷入巨大的悲怆中，但她顽强地接替丈夫的职位，并先后筹建巴黎、华沙的镭研究院。当时，各地放射研究机构都已提炼出了镭，哪儿拥有几克镭，玛丽对此悉数掌握。面对采访，她可以做到如数家珍。可她自己却一直苦于没有足够的镭，无法支撑法国和波兰进行放射性研究。当美国记者问她最想要什么时，她羞涩地说：“我需要……需要一克镭来继续我的研究，但我买不起。对我来说，它太昂贵了。”她的无私和爱国震撼了整个美国。于是，美国先后举国募捐两次，购买两克镭，由总统亲自无偿赠予居里夫人，让她得以在法国和祖国波兰先后建成两所镭研究院。

“一战”期间，士兵伤亡惨重。而射线在透过人体不同组织时被吸收的程度不同，经显像处理后可得透视影像，这可助力外科手术。因此玛丽冲到医疗第一线，组装了二十辆 X 光汽车，在各家医院共建立了二百多个 X 光室，救治伤员一百多万人。这期间，年仅十七岁的大女儿艾琳出力很多，因为她深受母亲居里夫人创造性教育理念影响，已跟母亲学过放射学了。两年时间，母女俩一共培训了一百五十名放射科医护人员。居里夫人甚至远赴比利时医院支援，所以，她实际上也是今天医院放射科的创始人。另外，由于射线能杀伤或抑制肿瘤，因此在治疗癌症方面，“居里疗法”也起到越来越重要的作用，这就是我们现在所谓的放射疗法，简称“放疗”。

4. 教育泽被后人

1911 年，居里夫人又因提取到纯净的镭，再次获得诺贝尔化学奖，成为世界上第一个在不同领域两次获得诺奖的人，但她将两笔奖金全数捐给实验室，支持放射科学的研究。居里夫人关爱学生，并积极提供帮助，为中国培养了核物理学家施士元博士。他后来长期在南京大学物理系任教，是我国最早的核物理事业奠基人，为我国培养了大批物理学人才。

居里夫人重视后代教育，独自一人抚养两个女儿，却并没像其他父母那样想方设法把孩子送进重点学校，她甚至都没让大女儿艾琳·居里去上学，因为她认为刻板的教学浪费时间，会消磨学习热情。居里夫人联合学校其他教授，勇于创新，开展了教育合作计划：几个人把自己的孩子聚在一起，由他们自己担任老师进行教学——居里夫人教物理，朗之万教数学，佩林教化学……而这些老师都是院士和诺贝尔奖获得者。这个小学校的教育效果很好：郎之万的学生约里奥·居里先生和居里夫人的女儿艾琳·居里女士结为伉俪。居里夫人预见两人的放射性研究也会获诺贝尔奖，果然二人在1935年获得诺贝尔化学奖。小居里夫妇又为中国培养了著名核物理学家、科学院院士、“两弹一星”元勋钱三强博士。值得一提的是，约里奥·居里先生不但是著名的核物理学家和化学家，还是著名的和平卫士。他对中国人民抱有同情态度，不但在20世纪50年代应学生钱三强之邀，积极参与营救被美国扣押在日本的核物理学家赵忠尧，他还郑重向毛泽东建议，中国也要搞原子弹。毛泽东下决心在中国发展原子能科学，与他的大力推动与促进不无关系。

由于长期接触放射性物质，居里夫人玛丽于1934年逝于法国，享年67岁。

三、本书翻译

在翻译过程中，译者发现总有一些情节会让人泪流满面，感动不已。比如，在翻译她一千多个日日夜夜的四年里终于提炼出千万分之一的“镭”时，我不禁仰天长啸，壮怀激烈……而作为翻译研究者，本人忠于原文，专注细节，尤其是理工科技知识和术语，参考英、法、中文的《居里夫人自传》、玛丽小女儿艾芙·居里（Eve Curie）法语版和商务版译本的《居里夫人传》、1943年（美国）和2016年（法国、德国、波兰）的传记电影等权威可信资料，适当做了翻译脚注，以便读者理解。既然原作者杜尔利在翻译、编辑、增删、改写的过程中经常明确地跳脱出来，引导读者（请参照“作者前言”中提到的内容和正文中的多次作者现身），那么，译者作为一个特殊的读者，也可以在译者脚注和序言中适当现身，在翻译的基础上，略作阐发。同时，我感叹居里夫人自传、他传、简写插图本、影视传记、网络百科及上述文本的译介之多模态的文本旅行，如万花筒般翻转多样，逐渐丰盈，实现了其跨时空传播。因此，译者希望青少年朋友们能通过本书，逐步去阅读诸如艾芙·居里的《居里夫人传》乃至其法语原版书等更多文本。

我的译本近年来已出版5次，翻译该书不觉也已有15年了。因此，本人此次孜孜矻矻，战战兢兢，埋首于蝇头小字，寻常术语也未敢怠慢，个别有问题之处则大花功夫，上下求索，研磨再三。尤其是参照作者埃列娜·杜尔利原书的母本《居里夫人传》，并广泛求教于物理和化学方面的博士教授，将全部译文又润色两遍，查缺补漏，多加修订，详实修改，希望可少些舛误，完成译者的任务。罗素曾经说过，“愚蠢的译者对智者言谈所做的翻译，永远都不可能准确，因为他会不知不觉地把他听到的话翻译成自己能理解的东西”。而我就是那个蠢货，流连于英语和汉语之间，时而百思不解、若有所思，抑或曲径通幽、登堂入室，又常恍然大悟、仰天傻笑，以为得之矣！然而，我最终只能将该书“翻译成自己能理解的东西”，人类或许永远都无法走出自己精神世界所构筑的语言寓所。所以，书中但有讹误，译者作为那个傻子，均难辞其咎；希望正在阅读的各位青少年读者，都能认真仔细阅读接下来的正文部分，也能像我一样在深入阅读中体会到思考的乐趣——这种乐趣足以胜过一切。

翻译本书，受到山东理工大学的科研启动经费（922001）和“翻译硕士‘由译到研’的培养路径研究（722019）”的专项资助，特此致谢。

四、价值阅读

译序中谈到的事实，在本书中都有详尽体现。其实译者只是提了一些感人至深的情节，尤其是玛丽年少时国破家亡，大姐和母亲都过早地离开了她；青年时当家庭教师遭人嫌弃，还要既支持姐姐读书，又要照顾父亲，二十多岁依然没机会上大学，毫无希望；后来，玛丽终于上了大学，成为居里夫人，夫妇二人历尽千辛万苦，四年时间才有重大发现，获了诺贝尔奖；可皮埃尔却因交通事故骤然离世，留下一对女儿给居里夫人独自抚养。在一次次的人生低谷中，居里夫人都在巨大的悲怆中昂然向上，从失望的大山中凿出希望的火种，且积极乐观，倾力付出，不拘泥于既有的教育传统，终于成就了自己辉煌的一生。译者在翻译该书的过程中，始终受到了居里夫人精神的鼓舞，所以也希望该书能激发青少年读者努力读书、奋发有为，仔细思考：居里夫人到底给我们留下了什么？考虑清楚这一问题，进而也就能理解她的科学贡献、爱国精神和教育理念，就能分析欧洲为何能在近三百年来实现如此的科技繁荣——让阅读创造价值，实现价值阅读。

愿你们像居里夫人那样，热爱祖国、乐于奉献，坚韧不拔、看淡金钱。阅读科学家传记，有助于读者尤其是青少年朋友知道这些科学家彼此是如何承前启后、相互关联、动态影响的，并明白这对后世科技的深远意义；有助于青少年朋友当中也能出现居里夫人和爱因斯坦，塑造自己有价值的人生。

教育部《语文》教科书执行主编王本华指出："经典名著是不同国家、不同时代长期积淀下来的人类智慧结晶，经过时间的淘洗，具有永恒的思想和艺术魅力。"诚哉斯言。本书作为英国卡内基儿童文学奖的经典读本，风靡世界八十多年，在我国翻译出版，供青少年阅读，可以在他们心目中塑造居里夫人形象的经典丰碑，让经典塑造经典。朱永新先生说过："一个人的精神发育史，就是他的阅读史；一个民族的精神境界，取决于这个民族的阅读水平。"希望青少年朋友们拿到此书，由阅读而悦读，让居里夫人的精神走进你的内心，培育你强大的心灵，铸造你坚毅的灵魂，造就你自强不息的精神——使精神再造精神！

如此这般，该书就可以在青少年朋友们心中种下一颗种子，春风化雨，润物无声。将来，一株株树苗定会茁壮成长，进而连木成林，阅读强则青年强，青年强则中国强！

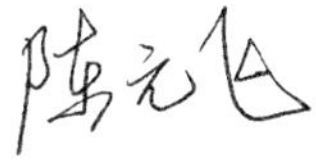

谨识于山东理工大学外国语学院

2023 年 3 月 12 日植树节

作者前言

居里夫人的一生，她的女儿已经诉诸文字，辞章华美，极具魅力，水平无人能及。鄙人才疏学浅，不揣冒昧，想根据那本优美的书写一个短点儿的故事给青年人读。

人们经常要等到十六岁时才能了解最伟大、最令人愉悦的人生，并听说世界上最不平凡的事迹，其实无须等到那会儿；完整的人物传记，事无巨细往往都收入其中，十分冗长，而且只有那些经验丰富并有多年阅历的人才熟悉那种传记语言。

因此，我希望《居里夫人》一书和罗伯特·吉宾斯漂亮的木版画（书中的插图均来源于此）可以让家里的年轻成员轻松地了解居里夫人的事迹，并和读过《居里夫人传》的长辈们分享这种喜悦。同时也希望这会促使年轻人们立下志向：既然居里夫人如此伟大，我们绝不能允许自己落下一丁点儿有关她的信息，哪怕是一点儿头绪。将来我们也会阅读居里夫人的女儿艾芙·居里所写的《居里夫人传》。

埃列娜·杜尔利

1939 年 3 月于沃里克

第一章

玛尼娅唱歌

为什么不行呢？为什么？为什么？为什么不让玛尼娅[1]读书？玛尼娅没有问这个问题。她可以问温柔美丽的母亲，可她没问，只是在用那颗固执的小脑袋使劲儿地想。玛尼娅有一头浓密的金发，一双灰蓝色的眼睛清澈透明，似乎能看透一切。

总是这样！她没法不这么想："难道我就不能读书吗？"只要她伸手去拿一本书，就会有人说，"亲爱的玛尼娅，到花园里去玩吧"，要不就是"一整天没有看到你的布娃娃了，快去找找吧"，或者说"用那些可爱的新积木为我造一座房子吧"。玛尼娅知道他

① 居里夫人的小名。

们的小“阴谋”：读书就是淘气，对她来说就是淘气，但对布罗妮雅来说不是，其实她能读懂一本书，可布罗妮雅却根本不读。那天非常奇怪，很明显，她所有的错误，就是从布罗妮雅手里把那本书一把拿了过来开始的，可她并无恶意。布罗妮雅经常要玛尼娅和她玩字母卡片。她们待在叔叔的果园里无所事事，就躺在草地上将一张张卡片拼成单词。有一天，她们回家后，爸爸对布罗妮雅说：“让我们看看书读得怎么样了。”布罗妮雅打开书，站在那里，结结巴巴地拼着单词，于是玛尼娅从她手中一把抓过课本读了起来。“玛尼娅！”妈妈很惊讶，禁不住叫出了声。爸爸看起来很严肃，而布罗妮雅很生气。玛尼娅只能哭泣，并抽抽噎噎地说：“对不起……玛尼娅不是故意的。”

从那天起，玛尼娅就不再被允许读书了。这会儿，她正犹犹豫豫地站在母亲房间门口，不知道应该干吗。整整一上午，她一直在长长的宿舍地面上来回穿梭，为布罗妮雅搬运弹药，因为她们要对约瑟夫和海拉的城堡开战。堡垒和弹药都是由崭新的积木组成的，后来，玛尼娅又热又累，于是退出了战争。除了找姐姐去花园玩以外，她实在无事可做。“素希娅！素希娅！”她在家里四处喊着，找到姐姐后，俩人手拉手走进花园。素希娅已经十二岁了，在弟弟妹妹约瑟夫、海拉、布罗妮雅和玛尼娅的眼中，她俨然已是大人了。玛尼娅四岁开始读书，我们的故事中她已经五岁了，可她又不能读书了。斯可罗多夫斯基夫妇不想让他们聪明的小女儿有太多的功课负担，但是他们没有想过要告诉她不能读书的原因。

花园很大，很平坦，四周围着墙，里面有一块块光秃秃的草坪，还有很多树。大部分时间他们都可以玩得很惬意，但进出花园时还是得小心翼翼的，因为他们不得不经过一排窗户，里面住着一个像恶魔一般可怕的人。花园属于男子中学，而且斯可罗多夫斯基一家和那个“恶魔”都住在学校里。经过那排窗户时，就连素希娅都会紧张，她低声告诉妹妹不要出声，蹑手蹑脚溜过去。

虽然只有五岁，可是玛尼娅已经知道很多事儿了。她知道有人把她的国家撕裂成三块儿，并分别据为己有①，就像一个巨人与其他两个巨人瓜分战利品一样，而恶魔之所以是恶魔，就是因为他就是分裂玛尼娅祖国的人之一。玛尼娅是个波兰小孩儿，而恶魔是俄国人，是校长。玛尼娅的爸爸就在这所学校教数学和物理。恶魔待在这里就是要确保这里所有的波兰人，无论男人、女人和孩子都要假装是俄国人。玛尼娅知道，跟这种人在一起必须时刻

① 这里指德意志、奥地利和俄罗斯帝国先后于 1772 年、1793 年和 1795 年三次瓜分波兰。——译者注（以下若无特殊说明，均表示该注释是译者所注，下同。）

保持警惕、小心谨慎，什么都不能多说，否则，就会被抓起来。

尽管玛尼娅住在镇上，可她还知道一件事儿：乡下是一个很美好的地方。那里有好多叔叔阿姨和兄弟姐妹，有小溪可以在里面玩耍，有泥巴可以做泥巴派，非常好玩儿，还有充足的阳光可以晒制美味。那里有一棵很老的酸橙树，可以容纳七个小孩儿爬上去坐在树干上，拨开那些清凉的树叶摘果子吃。玛尼娅到乡下时，孩子们会把她举起来放到那根粗大的树干上，然后再爬上树梢四处给她摘果子吃。七月份时，玛尼娅俨然就是一个农家小孩儿了，而且野性十足。

玛尼娅还很了解妈妈，知道这个世界上妈妈是最爱她的。妈妈确实长得很漂亮，所以玛尼娅认为妈妈是最美的也很正常，她喜欢妈妈美妙的歌声。妈妈每天睡觉之前抚摸她的头发和前额，而不是亲吻她，这很古怪，但她还是很喜欢；晚上家里所有人跪在饭桌前祈祷，“求上帝保佑妈妈病情好转”。玛尼娅根本没想到，这么做是因为妈妈病了，她更没想到妈妈不亲吻她也是出于这个原因[①]。

玛尼娅出生于 1867 年 11 月 7 日，名叫玛丽，但是她通常被

---

① 玛尼娅的妈妈患的是结核病。此病容易通过唾液传给他人，所以她从不亲吻玛尼娅。

叫作玛尼娅或玛妞希雅——或最常见的叫法，那是一个很奇怪的昵称，安秀佩希欧，因为波兰人喜欢昵称。素希娅曾经在花园里给玛尼娅讲过安秀佩希欧的故事。她讲故事比其他任何人都好，因为她经常现场给弟弟妹妹们演出有趣的小话剧，她自己扮演所有的角色。那些话剧如此逼真，以至于玛尼娅经常笑得前仰后合，有时又怕得瑟瑟发抖，不太确定自己生活在哪个国家、邻居是谁，甚至不知道故事里的人物是谁。

回到屋里，她们发现爸爸刚从学校回来，坐在家中最大、最舒适的书房里。俩人轻轻地走了进去。妈妈坐在那儿为玛尼娅做鞋。尖刀吱吱咯咯地切割着很硬的皮子，蜡线一点一点儿穿过鞋帮，鞋面逐渐拉紧，再叮叮叮地砸上钉子。这是个很复杂的活儿，但斯可罗多夫斯基夫人瘦弱、白皙的双手非常灵巧和熟练——也必须如此，因为五个孩子一年要穿破不少皮鞋。

那天晚上，父亲一直在讲那个“恶魔”的事儿，父亲经常谈到他。对这个家庭来说，他是一个绕不过去的话题，而且将来会给这个家庭带来毁灭性的打击。这个恶魔最近严厉地惩罚了一个波兰男孩儿，因为他在俄语中犯了一个语法错误。俄语可是世界上最难的语言之一，斯可罗多夫斯基先生实在忍不住了，说道：“校长先生，您是地地道道的俄国人，有时都也会犯语法错误啊。”

恶魔没有立即反驳，只是怒气冲冲，眉头紧锁地走了。他也没有立即报复，而是等了一年。

玛尼娅在父亲的房间里走来走去，朦朦胧胧好像在想着什么事儿，她踮起脚尖儿，仰起头，好奇地看看这儿，摸摸那儿。她轻手轻脚地四处张望，害怕打扰到哥哥姐姐。他们正围着爸爸的大书桌做功课。玛尼娅对墙上漂亮的主教图一点儿都不感兴趣，据说这是一位著名画家画的，但她根本不在意这些事儿。她喜欢书桌上的闹钟，盯着它看了好久，听它嘀嘀嗒嗒的声音。然后她又将手指优雅地放在色彩斑斓的西西里桌上，桌面的大理石很光滑，那是西西里岛的特产，她很喜欢。但桌子陈设架上的赛夫勒[①]陶器杯之类，她并不感兴趣。她小心翼翼地避开了，生怕不小心碰倒什么而引发一些可怕的事儿，因为那些都是易碎品。后面的那些物件儿玛尼娅就很感兴趣了，它们看上去很友好，很神秘，有着长长的名字，很可爱，但又无法理解。挂在墙上的气压计，爸爸每天都仔细检查并轻轻敲打，这都逃不过孩子善于观察的眼睛；玻璃橱里面放着玻璃管、灵敏的天平、矿石和金箔制成的验电器。“那些到底是……？”一天，玛尼娅实在忍不住了，她问道。

---

① 法国北部城市，位于巴黎西南，盛产瓷器。

“到底是什么，对吧？”爸爸用严肃的语气逗弄玛尼娅，“那些是物理仪器。”

将来要发生的事情爸爸根本不会想到，连玛尼娅自己也没想到，她竟然会和那些物理仪器那样亲密无间。尽管不懂什么意思，但“物理仪器”这两个词奇怪的发音还是让她很喜欢，于是她唱了起来：

“物——理——仪——器，物——理——仪——器。”

第二章

玛尼娅的学习之路

玛尼娅的学校在一个很古怪的地方，她学的也是一些古怪的事儿。比如，遇到一些明令禁止的事儿，你怎么去做；如何隐藏一个人的桀骜不驯；如何让你看起来好像正在做一件你其实根本没做的事；怎样躲过政府调查人员；因为玛尼娅比绝大多数小孩儿都聪明，所以她很快就成了最精于此道的学生。你可能会认为玛尼娅调皮捣蛋，让人头疼，但女年级主任和校长却都觉得玛尼娅对学校有很大帮助。这可能是学校里最古怪的事儿了。

一天，玛尼娅班上的二十五个学生要上一堂有趣的历史课，这比英国小孩上过的课要有趣得多，因为它是一堂禁课。二十五个学生和老师都知道，这堂课其实是根本不能上的。

这些十二岁的孩子们都坐在那儿。玛尼娅只有十岁，坐在第三排，靠近高高的窗子，窗外是白雪覆盖的草地。二十五个孩子都穿着海军蓝色的校服，钢纽扣，白立领，头发整洁紧凑地扎在耳后，用一个蝴蝶结束住。她们都竖起耳朵，左耳要努力听清历史课上的每一个字，右耳只要听到哪一扇门的门铃响了，就要快速反应，四处都是些鬼鬼祟祟的监视者啊。女教师和学生们既要工作，又要随时做好准备，做好被抓的准备。

玛尼娅正在回答一个问题——老师喜欢让她回答问题，因为她的历史很好，在班里名列前茅。她的算术、语文、德语和法语也是班里最棒的。这时，玛尼娅正在讲述她曾经学过的波兰国王——斯塔尼斯拉斯·奥古斯都。

“1764 年，他成了波兰国王，”玛尼娅说道，“这个国王很聪明，受过良好教育，他的很多朋友都是诗人和艺术家。他明白波兰积贫积弱的原因，并努力想让国家富强。但是，唉，他没有勇气……”玛尼娅那时甚至已经懂得国王是应该有勇气的，她的声音里充满了遗憾。她只有十岁啊，就能深深为之叹息，她的确已经懂得很多了。当——当——叮——叮——大家都猛地一阵颤栗。每个人都悄无声息，动作迅速。她们的老师杜普希雅将她的波兰课本收起来，学生们也把她们的练习册和波兰历史书收起来。

五个当值的学生将所有的书用围裙包起来，全速冲进寄宿生卧室。其余的人都拿起针线，在棉布上做着精致的纽扣孔，就好像什么事儿都没发生过一样。

俄国调查员走了进来，陪同他的，是惊魂未定的女校长。她没能阻止调查员迅速的脚步，所以她非常恐惧，担心两长两短的警报铃声没能给孩子们足够时间掩盖她们的“反动”行为。但是这儿除了针线活儿没有其他痕迹，只有五个小女孩儿看起来有些热，气喘吁吁的。但是，一个男调查员是注意不到这些的。

调查员霍恩堡先生重重地坐下了。尽管有些胖，还是个光头，但霍恩堡依然是个帅气的男人。他穿着制服，黄裤子、蓝上衣，闪亮的银扣子一丝不苟地扣着，更让他显得英姿勃发。他一声不吭，目光透过金丝眼镜就像能把人看透一般。他看着这些孩子，又厌烦地瞥了一眼杜普希雅摊开在桌子上的课本，问道：“她们工作时，你在高声朗读吗？那是本什么书？”

“克雷洛夫[1]的《寓言故事》，我们今天才刚刚开始学习这本书。”

霍恩堡先生很熟悉那本书，于是表示了由衷的赞许，他打

① 克雷洛夫（1769—1844），俄国寓言作家。

开其中一个书桌，发现里面干干净净。孩子们都放下了打纽扣孔的活儿，礼貌地等待着他睿智的评语。尽管目光锐利，可他还是看不到，在这些安静的面庞和严肃的眼睛背后，是恐惧、聪颖和仇恨。

“夫人，叫一个年轻人起来。”

杜普希雅舒了一口气，她能够选一个办事利索、不会坏事儿的学生了，可那个学生却正在祈祷自己不要被叫到：“千万不要叫到我，上帝，求求你上帝……”她没有听见上帝说：“玛尼娅·斯可罗多夫斯卡，整个世界都在指望着你去学做那些让人讨厌的事情呢。”她只听见杜普希雅叫了她的名字。

她站了起来，身上一阵热，一阵冷；耻辱之心让她嗓子哽哽的。

霍恩堡命令道：“背诵一下上帝的祷文。”

玛尼娅照做了，按照这个外国统治者的要求用俄语背诵了祷文，而根据波兰的宗教习惯，是用拉丁语背诵祷文的。

“列举一下从叶卡捷琳娜二世起神圣俄国的皇帝。”

“叶卡捷琳娜二世、保罗一世、亚历山大一世、尼古拉一世和亚历山大二世。”玛尼娅用完美的俄语回答，好像她就出生在圣彼得堡似的。

“再说说皇帝们的名字和尊称。”

“女皇陛下，女皇，皇帝陛下，亚历山大太子殿下，皇帝殿下，大公爵殿下……”

“很好，谁统治着我们？”

玛尼娅犹豫了。

“谁统治着我们？”调查员被激怒了，又追问道。

“亚历山大二世陛下，全俄国的皇帝。”玛尼娅结结巴巴回答道，面色变得苍白。

视察结束了，调查员走了，他对看到的和听到的一切都非常满意，并且感觉在自己的职责范围内他的工作做得很成功。但玛尼娅崩溃了，伤心地哭了起来。她的心碎了。

放学后，在校外的街道上，兴奋的孩子们这下有故事给来接他们放学的人讲了，不管接他们的是姑妈、妈妈还是保姆。但他们都是低声耳语，因为他们清楚，任何一个路人都有可能是间谍，他们会把听到的话讲给统治阶级，即便是一个小孩子的话也不例外。

海勒和玛尼娅一人一边挽着她们的姑姑卢希雅的胳膊。“调查员询问玛尼娅了，”海勒小声说，“她勇敢地回答了问题，但后来却哭得像个小孩。不管怎么样，调查员没找到什么疑点。”

玛尼娅默不作声。她憎恨这一切——憎恨自己的懦弱，憎恨被强迫回答问题，憎恨自己属于一个被奴役的民族，憎恨这种感觉，憎恨自己不得不撒谎，一直撒谎。当紧靠在姑姑胳膊上时，她记起了她所憎恨的一切：那个恶魔还是设法撤消了她父亲的教授职务。这使他们不得不让学生寄宿到自家的房子里，这很糟糕，因为这经常令他们感到不舒服、不愉快。但这根本不算什么，较之于没有素希娅的陪伴来说，这简直太不算什么了。素希娅会给她讲故事，而且愿意倾听她说的一切。可是，因为从一个学生那里感染了伤寒，素希娅去世了，她永远地离开了玛尼娅。

穿过阳光映射下冰雪覆盖的公园，三人走在通往老城华沙的狭窄道路上。两侧是高大的房子，倾斜的房顶上覆盖着皑皑白雪。走在寻常巷陌间，经常会不经意地撞见一些奇怪的小雕塑，你可能会看到圣女的脸庞，或是奇怪的石雕动物。

突然间，古老教堂的钟声在她们头上响起，在寒冷的空气中显得极为清晰。那里有很多教堂，卢希雅姑姑带着孩子们走进了其中一座有着黑色的门的教堂。多年以前，他们经常来这里做弥撒。没有了素希娅的陪伴，玛尼娅如何肯进去呢？但她还是进去了，因为现在她心中有一种更加悲凉的恐惧强于一切，她想向上帝祈祷，让母亲身体更好一些。“让妈妈身体好起来吧，”她祈祷着，“求您让我替妈妈去死吧，上帝。”

三人走出教堂，又回到了严寒中。卢希雅姑姑打算让两个孩子吃点儿好的，所以她们计划步行到维斯杜拉河[1]河边，从商船上买些苹果。赶到商埠码头，孩子们暂且放下了忧愁，拾级而下，跑到了河边。维斯杜拉河泛起暗黄色的波浪，击打着沙滩。很多宽大的平底船空空如也，漂在河上，随着波浪慢慢地起起伏伏，相互撞击，有时会发出低沉的响声，那是平底船撞到了漂在河上的浴场和设在岸边的洗衣房。那个冬天，只有在那两条长长的苹果商船那儿，才能看到一点儿生气。那两条商船来自上游，顺流而下长途跋涉来到华沙，船上装满了红红的苹果，那种红能带给孩子们喜悦。船老板穿着温暖舒适的羊皮大衣，摇摇晃晃地在船上走来走去。尽管经过这么多天的长途运输，但苹果没被冻坏。他掀开苹果上面覆盖的稻草，给大家展示苹果的鲜红和光亮，以此招徕顾客。

海拉首先冲了过去，玛尼娅紧随其后。她们把暖手炉和小书包一扔，开始兴奋地挑苹果，并把挑好的堆到大柳条篮子里。偶尔发现坏苹果，她们便如获至宝，奋力把坏苹果扔进河里，比谁

① 发源于波兰、捷克斯洛伐克交界的克尔巴阡山脉，由西南斜贯波兰中央，汇合支流，从波兰西北流入波罗的海。

扔得更远。

买好了苹果，卢希雅姑姑把她们的“战利品”搬下船，雇了一个男孩儿把篮子运回家。当然，二人手中还是各自拿着一个超级红的苹果大口吃着。

五点到家，晚餐更加丰盛。之后，孩子们便开始围着书桌做作业。不久，正在朗读课文的孩子们开始大声抱怨。其实，这真的很折磨人，除了波兰，很多地区也是这样：那些孩子必须用俄语学习课文，更加困难的还是用俄语学习数学。法语和德语的语法书也是用俄语写的，任何他们不认识的单词必须查俄语词典。当然，他们可以用波兰语理解问题，但第二天他们还是得用俄语背诵课文，解释几何难题。他们不得不用一种非母语的语言来写文章，还要把所有读到的法语译成俄语。这种情况下，学习成了一件很艰难的事。

但玛尼娅好像有魔法一般，她不怎么学习就知道很多事儿，有如神助。一首俄语诗歌，她仅读两遍就可以准确无误地理解，命运之神对她是多么垂青啊！而且，她心地十分善良，只要能提前完成作业，她会帮助其他人解决困难，让他们走出俄语的迷宫，尽管她也不是总能如此。一有机会，她就会把一本书放在桌上，双手捂住耳朵，这样海拉等人朗诵的声音就不会影响到她，然后……开始阅读。玛尼娅读书十分专注，没有人能影响到她。哪怕是全家人吵得叮咣作响，只要她还没读完书，她就根本听不见。她能够全神贯注地读书，这真是一个让人兴奋的天赋，是生命给她的巨大恩赐。

一次，在她读书时，其他同学用椅子在她周围搭了个架子，她的两边、身后和头顶都搭上好多把椅子，而玛尼娅根本没看到椅子，也没有看到恶作剧的同学，大家兴奋地窃窃私语、掩嘴窃笑，而这一切她都毫无所知。读完书之后她抬起了头，椅子搭成的架子轰然倒塌，大家哄堂大笑，而玛尼娅不为所动，她揉了揉

擦伤的肩膀，去了另一间房。经过那些比她还大的学生时，她盯着他们看了一眼，说：“那很愚蠢。”

到了睡觉时间，斯可罗多夫斯基一家的女孩儿们只能睡在餐厅的皮毯上，因为卧室要给那些付了钱的孩子们用。夜间，皮毯常常会展开，冻得她们哆哆嗦嗦。天还没亮，她们就得起床，因为餐厅要给孩子们准备早餐。

但这些事对玛尼娅来说都无关紧要。妈妈的病变得越来越重，甚至连她都能一眼看出来。她常常向上帝祈祷，但上帝似乎并没有满足这个十岁的小女孩儿。第二年五月份的春天，玛尼娅快十一岁时，她的妈妈离她而去了。临终时，妈妈对她的小女儿轻声说：“我爱你。”

玛尼娅已经很懂事了，她知道，不管对一个国家来说，还是对这个国家的人民甚至是小孩儿来说，生活都是需要勇气的，并不是只有国王才需要勇气，对此她深有感触。她如此年幼，就经历这么多不幸，这很不公平，也很残酷。这一切让她过早地理解了人生。面对这一切，她很倔强，很愤怒，却从没有屈服。

第三章

反抗

十四岁的玛尼娅不像她的姐妹们那样漂亮。布罗妮雅已经是大人了，她穿着一袭整洁的长裙，一头金发扎成一个圆圆的发髻盘在后面。她已经能够像妈妈一样负责家务并照顾寄宿学生了。海拉十六岁了，她是个美人儿，白肤金发，身材高挑，举止优雅。约瑟夫也是同样的白肤金发，高大英俊。他在大学里学习医学。

女孩儿们也都希望去上大学，但是在沙皇统治下的波兰，女人是不能读大学的。如果她们想学到更多的东西，她们必须通过书本自学，或是去其他国家深造。

那时，玛尼娅对自己的状况很满意。她已经进入高级中学读书，心情愉快，就像一只获得了能满足自己所有坚果的小松鼠一样快乐。但是她又担心布罗妮雅，如果不上大学，布罗妮雅怎么办呢？难道她——玛尼娅，就不能想个办法让布罗妮雅到那些女孩子能上大学的国家去吗？她下定决心，工作赚钱，供养她的姐姐。那么，挣钱的最好途径就是顺利完成学业。

一天早晨，玛尼娅快迟到了。除非她赶快吃完早饭，把午饭的三明治切开带好，并且不给兰森特喂肉了，否则她就会迟到。正在思考着这些，兰森特飞奔过来，一口把最后一块制作三明治的羊肉叼走了。兰森特是一条红色猎犬，全家人都很喜欢它。它很漂亮，并且会做一切本不该它做的事儿。它的耳朵、尾巴和四条腿上都长着金色的毛。它本该是一条最为驯顺的猎犬，但遗憾的是它没有受过训练。玛尼娅的兄弟姐妹整天宠着它，亲吻它，甚至以它为原型做了一个小狗玩偶。它会在任何一把椅子上睡觉，会用尾巴带倒花瓶，喜欢吃他人的午餐。为了欢迎客人，它会仰天长啸，让客人十分紧张。它会以最礼貌的方式取走客人的帽子和手套——只是归还时帽子和手套已经不成样子了。

最后，终于把兰森特安顿好了，午饭也顺利地包了起来，玛尼娅一把背上书包，向学校跑去。

在察摩依斯基伯爵居住的蓝色宫殿前，她停了下来，那里有一尊青铜狮子，守卫着它身后这个大院儿。她伸手把狮嘴里那个沉重的铜环挂到了狮子的鼻子上。

“不要跑开，玛尼娅。”隔着窗户，有人叫她，“卡霁雅马上就出去了。”卡霁雅是伯爵图书馆管理员的女儿，玛尼娅在她上学的路上总是会和她一起。但是如果卡霁雅迟到了，她会把铜环挂到狮子鼻子上，然后去上学。这样卡霁雅就知道她已经来过了。

“下午来喝茶吧，”卡霁雅的妈妈说，“会有你最喜欢吃的冰巧克力。”

“当然，下午一定要来喝茶。”卡霁雅说，“哦！我们迟到了吧？快跑！”

两人沿着狭窄的街道穿过公园，匆忙赶路，丝毫没有意识到彼此之间的差别，尽管这在其他人看来简直显而易见。卡霁雅衣着讲究，很显然是父母的宠儿，而玛尼娅却自己照顾自己，有点儿邋遢。

去学校有很长一段路要走，所以她们有大量的时间交谈，也有时间去玩游戏。在雨天，她们会穿着胶鞋蹚过水坑最深的部分。天气好时，她们会玩“绿”[①]的游戏。

“到商店来买一本新的练习本吧。”玛尼娅说，“我看到一些

① 一种游戏，当一方说话中尽量不经意间地提到“绿”时，另一方一旦听到“绿”就要马上做出反应，要拿出绿色的东西，否则就算输了。

漂亮的练习本，绿色的封面很漂亮……”

但卡霁雅并不上当。听到绿这个词，还没等玛尼娅说完，她就把一块她早就放在口袋里准备好的绿色绒布递给玛尼娅。她暂时应付了过去，一时也没有更多的较量。玛尼娅似乎已经不想玩这个游戏了，她开始谈论上一节历史课。老师一反常态，告诉她们波兰只是俄国的一个省，而波兰语只是一种方言。

“他看起来很不自在。”她说，“你看到了吗？他不敢正视我们，脸色也变得苍白。”

“是呀！”卡霁雅说，“他脸都绿了。”马上，她就发现玛尼娅手里正捻弄着一片嫩绿的栗子树叶，并把树叶放在鼻子下面嗅嗅。

“我们已经过了纪念碑了！”玛尼娅惊愕地大喊。“哦，好吧！我们得回去了。”她们回到了萨克斯广场，那里有四头石狮支撑着一座高耸的纪念碑，上面写着“向忠于君主的波兰人致敬”。有些波兰人背叛自己的国家，站在统治阶级一边残暴地镇压人民。他们在战争中死去之后，沙皇为他们树立了这座纪念碑。每次经过时，都要唾弃这座纪念碑——这已经成为每一个忠于自己国家的波兰人的责任，玛尼娅和卡霁雅不会放弃这种责任，即便这意味着要多跑很多路，甚至是上学迟到，她们也在所不惜。

“今晚你会来看舞会吗？”玛尼娅问道。卡霁雅自然会去。每个周末一些家庭会去参加斯可罗多夫斯基家里举行的舞会，但是只有那些工作了的女孩子可以跳舞，卡霁雅和玛尼娅在一边坐着看。但是她们慢慢学会如何跳舞了，脚步、动作和旋律都是她们讨论和学习的对象。舞会结束后，她们自己再进行练习。

她们一边热烈讨论着成为大人后的乐趣，一边穿过学校的拱门进入院子。各地的女孩儿都会成群结队地走进这座大楼，一共三层，里面什么设备都没有。但笑声不断，大家高兴地相互致意，并快乐地交流。忽然，一个女孩儿匆匆经过，不想引起大家注意。当两人赶上她时，看到她眼睛红肿，身上的衣服就好像胡乱穿上一样。

“库尼茨卡，你怎么了？”两人走过去，卡霁雅亲切地挽着她。

“库尼茨卡，你到底怎么了？”

库尼茨卡几乎说不出话，苍白的脸上充满了痛苦。“是我的哥哥，”她哽咽着说，“他中了埋伏，已经被逮捕了，我们已经三天没有他的消息了……他们……他们要在明天黎明时绞死他。”

说什么似乎都没有意义了。玛尼娅和卡霁雅陪着库尼茨卡，尽量安慰她。但哥哥明天要被处死了，现在任何慰藉都没什么用。她们两人都认识库尼茨卡的哥哥。他年轻开朗，是她们的好朋友。

他没有做错事情，为什么要被处死呢？

“快点，孩子们！说够了吧！”这讨厌的声音来自学校主管，德国人梅叶小姐。三人只得暂时放下悲伤，进了学校。

这所学校已经不再是玛尼娅小时候读书的那所私立学校了，而是由俄国政府操办的高中。除了学生是波兰人，学校里其他都是俄式的。波兰孩子只能来这儿读书，因为只有这么做才能取得各种证书，找到工作。孩子们来读书了，但她们很叛逆，比年长者更有胆量，敢大胆说出自己的观点。玛尼娅和卡霁雅编了一些俏皮话揶揄她们的俄国教授和德国老师，其中尤以针对梅叶小姐的最多。梅叶非常讨厌玛尼娅，而玛尼娅也更加厌恶梅叶。

又黑又矮的梅叶老师曾经专门穿软绵绵的拖鞋，走路悄无声息，以便更好地暗中监视这些女孩子们。

“跟那个叫斯可罗多夫斯卡的女孩儿谈什么都没用，简直毫无意义！”

“看看你的头发，缠缠绕绕、乱七八糟，简直太荒谬了。玛尼娅·斯可罗多夫斯卡！跟你说了多少遍把你的卷发扎起来？让我给你梳理一下，让你看起来有个学生的样子。”“你是想让我像个德国女孩儿！”玛尼娅这样想着，但她什么也没说。梅叶用那把梳子梳过所有学生的头发，现在她又在狠狠地给玛尼娅梳。但是不管她多么用力，玛尼娅头发依然打着卷儿——她的头发轻盈而多变，精致而卷曲，让她的圆圆的脸蛋看上去更加坚毅，永不屈服。

“我决不允许你那样看我！”梅叶老师气急败坏地咆哮，“你没有权利低看我！”

“我只能如此。”玛尼娅实事求是地说，因为她比梅叶高出了一头。毫无疑问，她很高兴有时候说话能有两种含义。

但是也有一些老师受人欢迎，因为他们是波兰人。让孩子们感到惊奇的是，有些俄国老师也对波兰人十分同情。他们慢慢明白，即使在俄国也会有反叛者。一位俄国老师甚至还给了他们一本革命诗集作为奖励。那个无言的举动成了学校讨论的话题，学生们也用惊奇和崇敬的眼光看他。波兰人能和俄国人和平共处，哦，是的。在那所学校里的学生难道不是俄国人、波兰人、德国人和犹太人吗？他们在一起不是都很开心吗？在学校里他们找不到种族差异。可在学校之外，各国学生都保持独立，因为他们都害怕间谍。

不管怎么说，玛尼娅还是爱她的学校的，她自己也有些羞赧地承认过。“卡霁雅，你知道吗？”一天放假时，她这样写道，“我喜欢我们的学校，你会嘲笑我吗？我真的喜欢，甚至可以说非常喜欢。我不渴望这种体制下的学校，决不！但想到每个学期，想到在这儿度过的两年，我并不悲伤，也不觉得可怕。

可那天，在梅叶老师把孩子们从院子里喊进教室的那一刻，玛尼娅忽然感觉对学校十分陌生。在这个阳光明媚的早晨，她一直梦想着迷人的音乐、曼妙的舞姿和同学之间的打趣。突然间，整个世界都变了。老师讲课的声音就萦绕在她耳畔，她模模糊糊没听进去，眼前只有那个年轻的热血男儿和想象中的一个冰冷的黎明，绞刑架上吊着那个她认识的男孩儿。

那天晚上孩子们根本没心思考虑跳舞。在斯可罗多夫斯基家里，玛尼娅、布罗妮雅、海拉、卡霁雅和乌拉——卡霁雅的姐姐，都陪着库尼茨卡一起度过漫漫长夜，想着那个即将赴死的男孩，她们一直坐到天亮。她们一整夜未合眼。守夜是一种天主教习俗，她们会漠视前方，静静地坐在那里思考。五个孩子就这样陪库尼茨卡坐了一夜。我们这些更加幸福的人根本不可能想象她们的想法和感受。这跟我们挚爱的人因为自然规律而去世有很大不同，即使是孩子也明白这一点。这种反常的方式——当时间一分一秒地走过，对一个人来说，那极其残酷的时刻，也正在一点一点儿地走近，这种巨大的冤屈会把整个黎明染成红色——真是恐怖至极。她们一定会默默地承受一切，因为没有什么可说的，没有什么可做的，只有充分思考的空间，六个年轻的革命者思考着如何反抗。尽管她们自己也十分悲痛，但还是尽可能地为库尼茨卡做了点儿事——照顾她喝点儿热水，轻轻搂着她，并拭去她的泪水。忽然，她们意识到有亮光，那不是蜡烛的灯光，窗外已经亮起了一道红线，天将破晓。这六个人用手捂住自己恐惧的脸，跪在地上，为这个死去的年轻革命者祈祷。

第四章

整整一年的假期

玛尼娅十六岁了。今天是学校给她颁发金奖章的日子，她是家里第三个获此殊荣的人。那是六月份，天气很热。玛尼娅和其他获奖者一样，穿着全黑礼服，上面别着一束香水月季。人们拥在她周围，与她握手祝贺。这一切结束后，她紧紧地挽着为她自豪的父亲，永远地离开了高中。

父亲已经许诺她可以有整年的假期。这确实是一份礼物，一年的休假！玛尼娅不知道为什么要休假，但是父亲觉得，她一直以来学习都很刻苦，而且可以比其他女孩儿用更短的时间完成学业，所以，她可以用这种开心的方式来等待她的同龄人赶上她，这样才公平。就这样，勤奋的玛尼娅变成了一个懒骨头，整天痛痛快快地玩儿。

“我亲爱的小鬼，”她写信给卡佳，“我觉得世界上根本不存在代数和几何，反正我全忘光了。我甚至没有绣花，整天无所事事。早晨十点起床，或者有时六点起——是早晨六点，可不是下午六点——除了小说，我什么都不看。我觉得自己愚蠢至极，我一直在嘲笑自己的虚妄无知。我们成群结队到树林里散步，打板羽球[1]，可我板羽球打得很糟糕。有时还会玩抢壁角、做领头等其他智力游戏。这里到处是野草莓，一分钱买的草莓足够我们饱饱地吃一顿——那可是满满的一大汤盘啊，堆得冒尖儿，甚至都要溢出来。哎呀！哎呀！这些草莓几乎要被吃光了。我胃口大增，简直贪得无厌，连我自己都觉得害怕。我们经常荡秋千，而且荡得很高。我们在河里洗澡，还打着火把捉虾。顺便说一下，我们

[1] 一种早期的羽毛球运动，以一种扁平的木板作球拍。

遇到了一个男演员[1]。他为我们唱歌，朗诵，给我们采摘许多醋栗。因此，作为回报，我们用野罂粟花、白石竹花和蓝色矢车菊给他编了一个大花环，在他去华沙之前送给了他。据说他一直戴着，上火车时，他就把花环放在行李箱里，千里迢迢不怕费事儿，一直将花环带到了华沙。”

玛尼娅会在乡间待一年。她喜欢生活在这儿，这里的点点滴滴都让她非常着迷。在这里她会清晰地看到四季轮回的变化，并且发现在波兰这片热土上每个季节展现出来的清新和美好。她的叔叔塞维尔，住在兹窝拉平原地区。在那里，她看到了一望无垠的广袤田地。一片绿色的土地上，镶嵌着褐色的条纹，那是已经被耕耘过的土地，这种美丽壮观的景象如同梦境一般。叔父马厩里有好几匹马，在那里她学会了骑马。她不在乎穿什么衣服，于是借了堂兄的裤子，可裤子又肥又大，她就把裤腿挽起来，用腰带把裤子扎在腰上，扎出了很多褶子，可她并不在意，这样就算准备好了。玛尼娅左手抓住缰绳和大马的鬃毛，左脚放进马镫里，右手攀住马鞍，她摆开架势，准备开始她的第一次骑马探险，她看到叔父和表兄弟骑马时就是如此。但骑上一匹马太费劲儿了，

① 此处指科塔尔宾斯基，他后来成为波兰总统。

上马太难了！那匹老马非常温顺，站在那里一动不动，可不管她怎么用力，就是骑不上去。

“敢于尝试就很好，”她叔叔说，“再加把劲儿！”但是她的堂兄没把她扔在那儿不管。他们教她怎样骑马，教她如何背对着马头跳上马背，教她怎样站在土墩上上马，最后，教她怎样恰到好处地起跳，骑上最高的那匹马。骑在马背上，穿越广袤无垠的土地去远处探索成了她的乐趣。很快，她能在马小跑时踩着马镫站起来，还可以在马飞驰时稳稳地坐在上面。她领略了附近一些村庄的风光，而且见到了一些奇怪的村民，对波兰这片土地有了更深地了解。

但是有一件更令人兴奋的事情正在等着她：她要去另一个叔父家了。这个叔父的名字用英语几乎无法发音——斯德齐斯拉夫，他住在喀尔巴阡山地区。她第一次看到白雪皑皑的山头，那白色亮得令人眩晕，暗黑色的松林就像一条墨色的河流，把雪映衬得更白了…… 她渴望近距离接触那美丽的景色，最好能穿过树林亲手摸摸那晶莹的雪。她长途跋涉，沿着弯曲的山路向上走。她经常会很突兀地走到悬崖边上，于是，又不得不原路折回。有时路上会遇到小茅屋，玛尼娅和她的堂姐妹们会进去询问能否看看主人的作品，因为在那个地方，所有住在山上的人都精于木工雕刻，最简单的一件家具都是艺术品。当地人喜欢向外人展示他们自己做的东西，玛尼娅和姐妹们也由衷地赞美了那些椅子、桌子、布谷鸟钟和靠在墙边的彩色木碗。村民们又热情地从储物柜里翻出木头做的小人、杯子、玩偶甚至刻在木头上的画给她们看。

一次闲逛时，玛尼娅发现了一片湖泊。那一池清澈的水躺在山间，像一大片“婆婆纳”[①]那么蓝，人们称它为“海之眼”。这一带群峰环绕，每座山顶上又是皑皑白雪，中间镶嵌上这枚“蓝色的宝石”，真是美极了。玛尼娅认为这是全村的宝贝。

在叔父家里，生活更是丰富多彩、幸福快乐。她的叔父生性乐观，热情好客；他美丽的妻子也是如此。三个女儿整天陪着玛尼娅，终日笑声不断。家里经常会来很多客人，叔父和婶婶一般会去打猎，带很多猎物回来款待客人。要是不去打猎的话，他们就只能杀鸡，反正院子里有数百只鸡在跑来跑去。女孩儿们会飞跑到厨房，麻利地烘烤蛋糕。这样大家就可以美餐一顿了。至于服装，她们会快速打开衣橱，把颜色鲜艳的服装缝到一起，演出滑稽的哑剧节目。如果是冬天的话，大家会准备“库立格”——这是一种冬天的盛宴晚会。

① 一种植物，叶子对生，通常为蓝色的小花簇。

玛尼娅第一次“库立格”的经历就让她终生难忘。夜幕降临，但四处都是皑皑白雪，所以并不觉得黑，这是一种奇特的景象。玛尼娅和她三个堂姐妹裹着厚厚的毯子，戴着面具，穿着克拉科夫农村女子的服饰，坐着两辆雪橇车出发了。几个穿着乡村特色衣服的男孩儿走在前面带路。他们用明亮的火把驱走了黑暗，照亮了道路。穿过森林后，他们看见其他火把在树林间若隐若现。他们越赶越近，忽然听到了音乐的节奏，在那个寒冷的冬夜显得更加动听。乐师们坐的雪橇也渐行渐近，上面坐着四位小个子犹太乐师。整整两天两夜，他们用小提琴拉出动人的旋律，一直回荡在冬天清冷的夜空中。他们会演奏华尔兹舞曲和马祖卡舞曲。所有人都会随着旋律合唱其中反复吟诵的部分，整个夜晚曲调优美、人声鼎沸。

就在犹太乐师演奏之时，其他雪橇车慢慢聚拢过来，三辆，五辆，十辆。道路曲曲折折，有时真的十分凶险，而且有些斜坡很陡，表面完全结冰，令人不寒而栗。尽管如此，乐师的演奏还是一丝不苟，一个音符都不会错。在那个严寒冬夜星光的照耀下，乐师的雪橇带领着这支奇异的队伍向前进发。

碰到第一座独立农舍时，雪橇队伍停了下来。伴随着铃铛和马具的叮当声，大伙笑着、喊着、大声地敲门，叫醒屋里的人。其实屋里的人也只是在假装睡觉。过了一会儿，乐师们开始在桌子上演奏，大家用火把照亮整间房子，舞会开始了。

不一会儿，晚饭带好了。一个信号之后，突然整栋房子都空了——几个装酒的大木桶也不翼而飞，居民不见了，马匹不见了，雪橇也不见了——一切都不见了。队伍更加壮大，他们曲曲折折穿过树林，向下一家农场进发。

有架雪橇上的马是第一次拉雪橇，它超车时跑出了大道，刹不住车，最后翻倒在雪堆里。大部队暂停进发，火把在风中挥舞，聚成一个半圆，过来帮忙的人把主人从雪堆里挖出来，并扶起了雪橇。铃铛再一次在雪夜中响彻郊野。但是乐师们去哪了？没人知道。领头的雪橇越跑越快，想赶上乐师的雪橇。但是过了一会儿大家才发现，他们很明显没在这条路上，他们还没有跟上来！

大部队再次叫停，大家想起之前路上有岔口。现在只能沿路返回去找那几个犹太乐师。大家都很担心。如果没有乐师，到另一家农场之后怎么跳舞呢？但是不一会儿，就有人听到小提琴欢快的演奏声淹没了马具的叮当声，乐师的马车赶了上来，于是队伍又开始进发。到达另一家农场后，他们又停下来跳舞，之后，再次绝尘而去。一家又一家循环往复，队伍发展壮大，越来越长。

太阳升起……太阳落下……太阳又升起来了。小提琴手几乎没时间吃饭睡觉。第二天晚上，伴随着马儿的嘶叫和铃铛的响声，这一支庞大的雪橇队伍在最大的房子面前停了下来，真正的舞会开始了。

小提琴手演奏的声音越来越大。客人们开始跳冰舞。那个领舞的男孩儿，帅气优雅，穿着绣花的白色礼服。他上前邀请跳得最好的舞者——玛尼娅·斯可罗多夫斯卡——同舞。她穿着丝绒外衣，细麻布的袖子鼓鼓的，色彩鲜明的长带从她的星形帽上飘垂下来，一身山村少女节日盛装的打扮。

他们彻夜跳舞。第二天早晨八点时他们又开始跳马祖卡舞。玛尼娅说她从来没有这么开心过，婶婶说如果她实在喜欢“库立格”，应该在庆祝结婚时办这样的舞会。

假期的快乐并没有结束。斯可罗多夫斯基夫人从前的学生

——现在的弗勒里伯爵夫人，邀请海拉和玛尼娅去她家玩儿。伯爵夫人的房子两边各有一条河流。玛尼娅从自己房间的窗户那里就能看到河流交汇时美丽的景色。在伯爵夫人那里，她学会了划船。她给家里写信说："我们想干什么就干什么，睡觉不分白天黑夜，疯狂地跳舞，简直玩疯了。真应该把我们关进疯人院！"

她们的确玩得很疯狂，骑马、采蘑菇，还不时地恶作剧。一次，玛尼娅拜托伯爵夫人的兄弟去城里办点儿事。这个年轻人爽快地去了。城镇距离较远，他回家时天已经黑了。回到自己的房间，他发现孩子们把他屋子里所有的东西——床、桌子、椅子、箱子和衣服都挂到了房顶的大梁上。这个可怜的人不得不在黑暗中与他那些悬在半空中的财产战斗了好久，其间多次被这些东西撞到了脸。

又一天，厨房专门为尊贵的客人准备了午餐，没有邀请孩子们参加。可她们在午餐开始之前就把东西全吃光了，并且做了一个稻草人——代表着吃饱了的弗勒里伯爵——放在空桌子旁边！那些小捣蛋鬼呢？哪儿去了？早就消失得无影无踪了！

在伯爵和伯爵夫人结婚纪念日那天，那群喜欢恶作剧的小鬼派出两个代表，送给伯爵夫妇一个用蔬菜做的巨大王冠，有一百磅[1]重。孩子们请开心的伯爵夫妇坐到一个装饰华美的宝座上，将王冠呈上，然后由最年轻的孩子朗诵了一首诗。这首诗是由玛尼娅专门为了祝贺伯爵夫妇结婚纪念日写的，结尾几句是这样：

圣路易节[2]到来时，
我们希望有一次野餐！
给每个女孩儿都邀请一个男孩儿，
以便学着你们的榜样，
尽快走向圣坛。
现在就赠予我们这样的恩惠吧！

伯爵和伯爵夫人尽全力办了一场舞会，这比野餐要像样多了。玛尼娅和海拉想在那个夜晚变成特别有魅力的人。可是她们没钱，舞会上穿的裙子也早已破旧不堪。她们数了数手里的钱，又把裙子翻来翻去想着办法。最后，她们撕掉了褪色的珠罗纱，发现衬里还不错，就决定用蓝色的塔拉丹布代替旧的珠罗纱，然后再点

① 约合90斤重。
② 每年的6月15日。

缀几条丝带，其他地方可以用花朵点缀，这样就算是一条新裙子了。虽然钱很少，但心灵手巧、针线活一流照样可以创造奇迹。这样剩下的钱还足够买两双鞋。买好鞋，做好针线活，又从花园里采好花，整饬一新，站在镜子面前时，镜子仿佛告诉她们："非常好，你们就是舞会的公主。"

整整一晚，玛尼娅一直在跳舞。第二天早上，一双新鞋已经磨破了，她扔掉鞋子迎接黎明。

第五章

人民

玛尼娅回到了华沙，她那双灰色的眼睛微微含笑，注视着这个变化了的世界。她坚毅的上嘴唇有时会挤出一丝笑意，可她的面部表情往往很严肃。像世界上大部分父亲一样，斯可罗多夫斯基先生让孩子们明白了生活的艰辛。他已经不再收寄宿生了，全家人又住进了家里原先的小房子。日子过得很艰辛，但父亲至少还能够挣钱支付房租、一个女仆的报酬和生活费。可过不了多久，父亲就没有什么可以指望了，只有靠着更加微薄的退休金生活。这让父亲很担心。像世界上大部分父亲一样，他希望挣足够的钱供养家人。夜晚坐在台灯旁边，他都会深深地叹气。四双快乐的眼睛，有的是蔓长春花的蓝色，有的是灰色，都看着他，猜他在想什么。如果四个孩子知道他的心事，一定会一起抗议说："不要担心，爸爸，我们很年轻很强壮，难道不能养活自己吗？"微笑着面对孩子们纳闷的眼神时，斯可罗多夫斯基先生一定想知道，自己这一生并不成功，孩子们会在将来的生活中获得成功吗？他一直努力工作，而且很有天赋，可却只能赚一点儿钱。他的孩子会和他一样吗？这个又矮又胖的男人已经开始秃顶，他穿着一件破旧又细心刷洗过的灰色衣服，坐在灯下暗暗思考。他的字迹、思想、言语甚至动作——他的一切都整洁而准确：他用同样精致细腻的关爱养大了自己的孩子。带孩子们外出远足时，他会事先制定好旅行路线，为他们指出美丽的景点，并让他们理解。有些美景几乎没人知道，而大部分人忽略的原因就是没人指点。如果他们去一座古老而著名的建筑游览，他会告诉孩子们古迹的历史。玛尼娅没看到父亲的任何缺点。她从来没想过嘲笑父亲严谨而细致的做事方式。她认为父亲是全世界知识的源泉。父亲确实知道很多事情。他用努力挣来的微薄收入购买学术书籍，随时了解物理学和化学领域的最新发现。他拥有智慧的思想，此外，他还会希腊语、拉丁语和五种现代语言。他坚持写散文，而且每周六晚上大声朗读优美的文学作品给孩子们听，所以孩子们逐渐成为懂得文学的人。当他想给孩子们念外国文学时，比如《大卫·科波菲尔》，虽然他拿着英文版本，但他会毫不费力地用波兰语当场重述出来。

“家里没有什么新鲜事儿，”玛尼娅写信给一个朋友说，“花木都长得很好，谢谢！杜鹃花正在盛开，兰森特在毯子上睡觉！我已经染过我的裙子，按日计价的女裁缝谷希雅正在改那件裙子呢。她刚做完布罗妮雅那件，做得很成功。我上课的时间不多，报酬简直少得可怜。一个妇人经人推荐，上门来打听请我们授课的事。但是当布罗妮雅告诉她一小时要一先令时，她赶紧跑了，就好像房子着火了一样。”

然而，不管工资有多低，玛尼娅还是不得不教课赚钱。那个时候，女孩儿除了上课赚钱之外，其他行业都做不了。但是她不会这么想：“我能有几个学生？我能赚多少钱呢？”那不是玛尼娅的作风。她有自己的梦想——她不像其他女孩儿那样梦想结婚，也不像其他男孩儿那样梦想开汽车。她的梦想是拯救整个波兰。她，玛尼娅·斯可罗多夫斯卡，必须帮助波兰。她才十六岁，有父亲对她的耳濡目染、言传身教，脑袋里又装满了学校和书本教给她的知识，拥有这一切，她应该如何拯救波兰呢？玛尼娅知道还有一些人也要拯救波兰，他们密谋往沙皇政府扔炸弹。还有一些人梦想上帝能让他们拯救波兰的梦想成真。玛尼娅把她的护照借给了一个革命者，但她跟上述两种人不同，她认为最实际的梦想才是最好的：做好眼前的事情。俄国政府尽力想让波兰人变成无知无觉的奴隶，而尽力教好他们就可以阻止俄国卑劣无耻的行径；教课，教课，再教课，直到华沙成为意识形态领域的核心，直到波兰成为最棒的国家，从而在欧洲处于领先地位。

一些新思想正在英国和法国传播。玛尼娅有一个比她大十岁的朋友，他得知这些新思想后，成立了一个叫作“流动大学”的秘密团体来研究这些新思想。玛尼娅、布罗妮雅和海拉参加了这个团体。他们几个人定期在不同成员的家里见面，他们并不研究那些古怪或不着边际的知识，而是学习解剖学、生物和自然历史。一旦听到敲门声，或是一只在护墙板里的老鼠弄出声音，所有人都吓得大气不敢出。如果警察抓住他们，那就要坐牢。每个成员既要学习也要教课。玛尼娅收集了少量的书借给那些穷人，但她首先要教他们识字和阅读，这样，那些书才会对他们有点儿用处。

有时，一家波兰商店会雇用玛尼娅给女员工上课，让女员工坐着翻翻书，思考问题，这样可以提高这些店员的国民素质，而且无须担心有人泄密。快乐、内向的小玛尼娅置身于那些年龄比她大又有点儿粗俗的女子当中，既不让她们说粗话，也不让她们抽烟。当发现自己的卷发太与众不同时，她剪掉了长发，但她没有意识到这样做只能使自己显得更加幼稚。她有很多工作，并且在每个领域都小试身手：讲座、会议、画画、写诗、阅读六七个国家的文学作品——总之，她在努力追随那些伟大作家的深远思想。

但是她脑子里想的最多的还是她怎样帮助布罗妮雅。布罗妮雅的年纪越来越大了，至少玛尼娅是这么想的。除了她，没人会管布罗妮雅的。日复一日，无论天气好坏，玛尼娅都去做家教赚钱。那些有钱人总是让她等着，在他们眼里，她只是一个穷老师，让她站在通风走廊里等着就行。“对不起，斯可罗多夫斯卡小姐，我的女儿今天早晨来晚了。当然，你一定会把落下的课都给她补上吧？”但是到了月底，这家人又忘了付钱。“实在对不起，我丈夫会在下个月底把钱一起付给你。”但是玛尼娅当时急需用钱。她一直想用这些钱买一点儿必需品。

布罗妮雅脸色苍白，灰心丧气。玛尼娅不得不放下自己的梦想——她渴望上大学，满足自己对知识的迫切需求。但是，首先她必须帮布罗妮雅离开这里。

“布罗妮雅，我已经想好了，”有一天她说，“我也和父亲说了。我想我已经有办法了。”

“什么办法？”

玛尼娅说话必须十分小心，谨慎地斟酌每一个字。“布罗妮雅，你自己节省下的钱，够你在巴黎待多久？”

“我的钱够支付路费和一年的生活费，但是医科需要五年才能毕业。”布罗妮雅立刻回答说。

“是啊，只靠一小时一先令这样上课，挣来的钱是不能帮我们圆梦的。”

“怎么办呢？”

“如果我们各自奋斗，我们谁都不成。可是照我的计划办，今年秋天你就可以坐火车去你想去的地方。”

“玛尼娅！你疯了！”

“我没疯。开始你可以先花自己的钱，以后我会设法寄给你一些，父亲也会。同时我也为自己将来求学再攒点儿钱。当你成了医生，就该轮到我出去学习了，那时你再帮我。”

布罗妮雅的眼里噙满了泪水，因为她知道这个提议对玛尼娅来说意味着什么，虽然在刚才的计划里，有一点没解释明白。“你又要帮我，又要攒钱，那你自己如何生活呢？”她问。

“放心吧！我想了个好办法。我打算找一份供给食宿的工作，这样我就不用花钱了！很完美吧？”

“不行，”布罗妮雅说，“我不明白为什么我先去读书。你更聪明。如果你去读书，你会更快获得成功，然后我再去。”

“为什么？亲爱的布罗妮雅，你好傻啊！你已经二十岁了，而我只有十七岁啊！你已经等了很久了，而我还有时间。年龄大的必须先去。等你有了执业资格，再用金子砸我吧！再说我已下决心了，就这么定了！”

就这样，九月份，距玛尼娅十八岁生日还差一个月的时候，她穿着一个女家庭教师应该穿的衣服，去了女家庭教师职业介绍所的等候室。她的头发又长了，但收拾得很整洁，帽子已经有点儿褪色，裙子简单而朴素；她的一切端庄而平凡。

她紧张地走到坐在办公桌旁的女士面前，手里紧紧地攥着证书和推荐信。那位女士仔细地看了推荐信，然后突然看着玛尼娅，甚至可以说是盯着她。“你真的精通德语、俄语、法语、波兰语和英语吗？”她问道。

“是的，”玛尼娅说，“虽然我的英语不如其他几门语言。但是，我仍然能教学生通过考试。我得过高中金奖章。”

“你想要什么待遇呢？”

“一年四十英镑，提供食宿。”

“如果有职位空缺，我会通知你的。”这个答复并不是十分肯定，玛尼娅这么想着离开了介绍所。

没过多久，玛尼娅就当上了女家庭教师。这里不公开那个家庭的姓氏了，姑且称为B家庭吧。因为他们肯定不愿记住，命运曾恶作剧般地跟他们开过这样的玩笑。他们让十八岁的玛尼娅·斯可罗多夫斯卡从小侧门进来，通过这道门，据玛尼娅自己后来的说法，她仿佛看到了地狱，这让她很不愿意继续待在那里。生活让玛尼娅成了一个伟大而无私的付出者，而不是一个不幸、弱小且受人鄙视的奴隶。B家庭很富有，他们无礼地对待玛尼娅，时刻与她保持距离，说话也很冷淡。他们极少与玛尼娅交流，偶有为之也冷若冰霜。他们挥霍无度，却又六个月不支付玛尼娅工资，而且为了省灯油不想让玛尼娅晚上看书。他们在别人面前说话很亲切，但背后却肆意诽谤他人，以至于玛尼娅说在他们口中所有的朋友都被骂得体无完肤。

玛尼娅写道：“从他们身上，我懂得了小说里描写的人物并非虚构，并且明白，一个人如果明智，就不该与被财富毁了的人交往。”也许就是因为她在十八岁时明白了这一点，才使得玛尼娅·斯可罗多夫斯卡一生当中，无论多少财富摆在面前，都不为所动，保持清醒。

但是玛尼娅的计划没有奏效。住在镇上的B家，她发现自己每天都要花点儿钱。有时与父亲见个面，或者与“流动大学”的朋友保持联系，这都让她很开心，可这都要花钱。但当一个人下定决心实施某个计划时，不管付出什么代价他也要付诸实践。玛尼娅发现她必须完全离开家，去偏远的乡村找个工作，在那儿就一分钱也不用花了。只有这样，布罗妮雅才能在她的接济下继续学业，因为她已经去巴黎了。

她真正想找的工作终于出现了——离家很远，在乡下，但是工资高了一点儿——这次是一年五十英镑。当然，那个时候五十英镑就是很大一笔钱了。但玛尼娅把新地址告诉父亲时心情还是很失落，虽然那个地方已经偏远得像在异域，但对她父亲来说并不是那么遥不可及。

普沙兹尼士附近

斯茨初基

Z 先生和夫人的住宅

玛尼娅·斯可罗多夫斯卡小姐

玛尼娅出发时是一月份，那时的波兰到处堆积着厚厚的雪，几个月也不化。火车慢慢离开车站时，父亲向她挥手告别的身影渐渐离她而去，再也看不见了。这是她生平第一次彻底地感到孤单和害怕。假如这个新雇主还和从前的雇主一样那么不友善，该怎么办？还有她的父亲，年龄越来越大，也许还会患病。她到底应不应该离开？茫茫暮色中，白雪覆盖的原野向后飞驰着，在玛尼娅含泪的眼中成了模糊的一片。

坐了三个小时火车，接着又坐上了来接她的雪橇。她身上裹着暖和的毛皮毯子，坐着雪橇飞也似的冲进了那个白雪皑皑的冬夜，周围一片寂静，偶尔能听到雪橇铃铛的叮当声。

又坐了四个小时的雪橇——玛尼娅又冷又饿，她甚至怀疑车永远不会停歇。过了一会儿，她看见一片亮光，一扇门打开了，一家人都出来迎接她——男主人身材高大，孩子们很害羞，紧紧抓着母亲的裙子，可眼神里又充满了好奇。女主人亲切友好地欢迎玛尼娅，并让她喝下一杯热茶，然后带她去了她的房间，接着善解人意地离开了。玛尼娅先在房间里暖和了一下，然后打开那几个破旧的箱子，开始整理行李。

玛尼娅住在乡村的腹地。她环绕一周，看了看房间四周刷得白白的墙壁、简单的家具和暖和的壁炉，十分满意。

第二天早上，她拉开窗帘，以为会看到一片白雪覆盖的田地和森林。但映入眼帘的是工厂的烟囱，正冒着浓浓的黑烟。她又仔细看了看——不是一个，而是很多烟囱，周围根本没有树木、灌木丛和篱笆的踪影。她住在甜菜制糖区。放眼望去，只能看到已经翻过、等着播种的土地，这片土地都要种甜菜。整个村子都致力于甜菜种植，村民们就这样犁地、播种、收获。那些工厂都是制糖厂。乡下的农舍都错落分布在制糖厂高墙的周围。玛尼娅住的房子是制糖厂厂长的家。村里有条小河，河水也染成了甜菜根的颜色。

这些工厂让玛尼娅对周围的环境很失望，那些住在周围大房子里的年轻男子和少女也一样让玛尼娅失望。他们除了八卦不干别的，比如谁都说了些什么，穿什么衣服，谁会举办下一次舞会，上次舞会开了多长时间等等。一天，Z 先生和 Z 夫人在第二天下午一点才从一个舞会回到家，这让玛尼娅十分震惊，她似乎忘记了她自己也曾经那么开心地参加舞会，玩到第三天早上八点。玛尼娅忍无可忍，她在信中大声疾呼：“给我一支漫画家用的笔吧，我会好好描述一下这些人，用漫画的方式刻画并讽刺这些人太恰如其分了。女孩儿们都是些不开口的呆子，迄今为止，我发现只有家里的大女儿，我亲爱的布朗卡，是一颗少有的珍珠，她有良好的判断力，并且对生活充满兴趣。”此外，在斯茨初基还有一个有趣的人——布朗卡三岁的小弟弟斯塔斯。他使得这座狭长的两层楼房充满了生机。在长长的走廊上，在爬满无叶爬山虎的破烂玻璃阳台上，到处都能听到他急促的脚步声。童言无忌，他的话有时能把玛尼娅逗得忍俊不禁。一次，他的保姆告诉他上帝无处不在。他说：“斯塔斯可不喜欢这样，我害怕他会抓住我！他会咬我吗？”

安吉娅是玛尼娅的一个很特别的学生。她十岁了，非常调皮，每次有客人拜访时她总会逃课。玛尼娅应该一天教她四个小时，但是她总是跑出去，然后被抓回来——而课程却不得不从头讲起，有人说过，这样的话她的功课根本没什么进展。安吉娅还总喜欢赖在床上，直到玛尼娅拽着胳膊把她拖起来，这让玛尼娅非常恼火。陪安吉娅一起学习经常如此，一天早上，她甚至用了两个小时才平息了怒火。一天中有两个时段最开心：一是和布朗卡一起读书的那三个小时，再就是闲暇时往家里写长信的时候。“复活节我会回华沙，”她写道，“一想到这件事儿，我就高兴极了，但愿我不要兴奋得像野人那样狂呼乱叫。”

泥泞的乡村小路上，她经常看到村里脏兮兮的男孩儿和女孩儿。他们头发乱蓬蓬的，如麻绳一般，但双眸清澈明亮，充满了对知识的渴望。她问自己：“难道他们不是波兰人吗？我曾发誓要向大众传播知识，难道我就不能为他们做点儿什么吗？”那些流浪儿童要么什么都没学过，要么只知道俄文字母。玛尼娅想，如果能为他们偷偷开设波兰语课程，那该多好。

布朗卡听到这个想法非常开心。“别太着急，”玛尼娅说，“你知道的，如果我们被抓了，我们都会被流放到西伯利亚去。”她俩都知道西伯利亚意味着什么——被放逐到一个可怕的地方，那是一片冰原地带。但是布朗卡准备去冒这个险。两个女孩儿得到了 Z 先生的允许——课程开始了。

室外刚好有楼梯可以通往玛尼娅的房间。她们组织了一些脏兮兮的小孩——少的时候有十个，多的时候有十八个——整日穿梭于楼梯间上上下下。玛尼娅借了一张松木桌子和一些板凳，用她不多的积蓄给学生们买了练习本和笔。然后就开课了——而且趣事不断。孩子们笨拙的手指抓着用不惯的工具，潦草地在白纸上画出字母。对孩子们来说，不可思议的事情慢慢发生了，听到的声音可以白纸黑字写下来，并且能够理解。他们的父母都很自豪，虽然自己不识字，但他们也会爬上楼梯走进教室站在后面——看着自己的儿女做着了不起的事情，他们高兴万分。孩子们学习起来并不轻松，他们有时咧嘴，有时吸气，有时叹气，写封信好像比往山上运甜菜还难。玛尼娅和布朗卡在他们中间走动着，帮助他们尽力读书识字。他们身上脏兮兮、臭烘烘，而且经常注意力不集中，也不是很聪明。但大部分时候，从他们明亮的眼睛里，能看见他们上课时的兴奋和对学习的渴望。

第六章

不幸中的万幸

夏天来临时，其他人也开始放假了。但是女家庭教师一年中大部分时间都要坚守岗位。男孩子回家、小女孩儿起床都需要她，所以冬天和夏天她反而格外忙碌。玛尼娅很无聊，生活平淡无奇。明天总是昨天的重复——早晨从八点工作到十一点半，下午从两点工作到七点半，中午十一点半到两点是散步和吃午饭的时间。到了晚上，如果安吉娅听话，她会念书给她听；要不就做做针线活、聊聊天。晚上九点以后，她就可以自由学习、看她想看的书了。但她还是很容易受到其他事情的打扰。比如说，安吉娅的教父需要有人和他下象棋，而家庭女教师就下得很好。如果别人玩惠斯特扑克牌正好三缺一，女家庭教师就要去帮忙，不管她是否喜欢。玛尼娅对知识的渴望越来越强烈，而真正的知识仿佛离她越来越远了。她看的书已经有些落伍了，而且没人能和她探讨她所遇到的疑难。她不知道自己应该干什么。她经常不无妒忌地想到有成千上万的女孩子群集在世界各地的大学里，她们有机会深造，并具备这个年龄应有的精神状态，能够在实验室里接受教育并承担工作。维也纳、柏林、伦敦、圣·彼得堡，尤其是巴黎，这些地方可都是她心目中的学术圣地啊。不对，不能去维也纳、柏林和圣·彼得堡，因为这几个城市都是欺压波兰的国家的首都。但伦敦和巴黎不是！她发疯似的渴望去巴黎学习，自由而慷慨的巴黎不欺压任何国家，甚至欢迎流亡者，并邀请所有有思想、有求知欲的人去巴黎学习。玛尼娅开始绝望了。一个人工作太难了。她攒钱的速度慢得令人难以忍受，布罗妮雅还需要好多年的资助。父亲年龄大了也需要她照顾。玛尼娅，还能去上大学吗？

她越长越美了。她的前额饱满，神情坚定，头发迷人顺滑；灰色的大眼睛嵌在浓浓的眉毛下面，目光敏锐，似乎能看透一切，理解一切；倔强的嘴唇微微露出笑意，让人过目难忘，印象深刻；皮肤白里透红，举止优雅，手腕和足踝十分精致；她沉思的样子给人一种神秘感，让人想去探寻她到底是个怎样的女孩儿。

卡西米尔是家中长子，放假回家时认识了玛尼娅，这让他非常开心。他们在美丽的花园里偶遇，当时玛尼娅正在剪凋谢的玫瑰花。他从妹妹的信中听说过她，但他知道女家庭教师是多么乏味的一种人，他不相信玛尼娅真有那么美好。

“但是……我可以在波兰之剑面前发誓！”他在心中大声呼喊，“这位女家庭教师真的与众不同！”

“小姐，今天早上你给你蹩脚学校的学生放了一天假，是吗？”

“哦，没有！”玛尼娅说，她的脸很生动，并且像往常一样，对一切都充满了好奇。“他们五点才能来上课，得等他们把其他所有工作做完才行。”

玛尼娅想，原来这就是布朗卡崇拜的哥哥，这个身材高大、英俊潇洒、风度迷人的大学生，说起话来那么友善，对她的学生也很感兴趣，而且坚持把这个班称为“蹩脚的学校”。

那天晚上九点以后，她没有看那几本大厚书，和这个大学生进行真正的交谈，聊聊他所从事的专业，比自己看书能学到更多的东西。此后的日子和之前不一样了，暑假打破了上课的常规。卡西米尔、布朗卡和玛尼娅经常去划船、野餐，玛尼娅特别擅长划桨和骑马，看她划桨和骑马简直是一种享受。马厩中约有四十匹马可以供他们挑选，他们会在无尽的原野上策马奔腾，骑整整一天。他们还会驾马车出去野餐，卡西米尔发现，玛尼娅娇嫩的手腕控制马车缰绳时很有技巧。

迄今为止，卡西米尔见过的无数“呆鹅”一样的女孩儿，没有一个言行举止像玛尼娅这样，让卡西米尔如此好奇。秋天回华沙后，他又盼着圣诞的到来，到时回家就可以再次见到玛尼娅了。

他说：“小姐，如果一年四季都是冬天该多好啊。”玛尼娅却不以为然：“不可能！为什么你那么喜欢冬天？”他笑着答道：“大家不是都跟我们说要珍视一切美好吗？还有比欣赏一个有着完美脚踝的女孩优雅地滑雪更美好的事情吗？还有你优美的舞姿！你跳得太棒了，难道你不喜欢在冬夜的星光下滑雪吗？”

是啊，玛尼娅又开始热爱跳舞了，但她还是更喜欢夏天——更喜欢暑假。

“你喜欢假期？是不是因为假期时我在家？”

卡西米尔用了很长时间才猜到玛尼娅的心思。他说他要马上去征求父亲的同意。众所周知，有钱人家一般不和女教庭教师结婚，但是玛尼娅不一样，完全不一样。他家里的每个人都喜欢她：父亲让她陪自己散步；母亲把她介绍给所有的朋友；妹妹崇拜她。人们经常邀请玛尼娅的父亲、哥哥和姐姐到这里来玩；她生日时，大家送她各种礼物和鲜花。卡西米尔相信，家人一定会非常愿意他娶玛尼娅为妻。

但卡西米尔错了。当他告诉父母想和玛尼娅结婚时，他的父亲大发雷霆，母亲差点儿晕倒。他是长子，家人把所有希望都寄托在他身上，他很容易就能娶到村里最富有最高贵的女子，他怎么能娶一个身无分文的女家庭教师呢？娶一个靠在别人家里出卖劳动力谋生的女人，这简直是滑天下之大稽！

“卡西米尔，你疯了！我们这种家庭的人哪能和女家庭教师结婚！”

“不能和女家庭教师结婚！这真是个好主意！”大地仿佛在低声吟诵，它绕着太阳迅速转动。冬去春来，冥冥之中，命运将把玛丽·居里一步一步呈现在我们面前，而不是玛尼娅·卡西米尔·Z夫人。

但玛尼娅并不能预见未来，她很伤心。家里每个人都渐渐对她冷淡起来，而她又不能扔掉工作一走了之，她每年还要给布罗妮雅寄二十英镑呢。她能做的只有下定决心不再恋爱，绝不再爱任何男人。她的工作又恢复了往日的平静，日复一日，千篇一律。她每天都要上课、批评贪玩的安吉娅、把昏昏欲睡的朱列克摇醒、在她开设的免费学校里任教、自学、研读化学书籍、下象棋、跳舞和散步。只有一件事偶尔会让她有些兴奋：路上的路标本来就很不清楚，一下雪它们就会完全消失，雪橇很容易陷到沟中。只有那时，笑声才会给她带回一点儿久违的欢愉。

那段时间，她的家书越写越长，但经常没有邮票寄信，或者说根本没钱买邮票。“我还没收到布罗妮雅的来信，”她抱怨说，“也许她也没有邮票吧。”由于自己情绪低落，她更容易设身处地理解父亲、哥哥和海拉的一些难处。她在信中对父亲说：“不要为我们担心，你已经为我们做了一个父亲应做的一切。毕竟，你给了我们很好的性格，我们会自己谋生的，时间会证明一切的。”她对哥哥说：“约瑟夫，找人借一百卢布，一定要留在华沙。不要把自己的前途葬送在小村落里，这就是我想给你的建议，请不要生气。记住我们的约定，想到什么就说什么。人人都说在小地方工作如坐井观天，会让你偏安于穷乡僻壤之间，而没有大志向，做不出大事业来。一个医生，如果没有药店，没有医院，没有丰富的医学书籍，就会变成废物，不管他的人生规划有多好。如果这样的事情发生在你身上，亲爱的，我一定会感到非常伤心绝望，因为现在我已经失去了信心，不敢再梦想自己成为什么伟大人物，我所有的期望都在你和布罗妮雅身上了。我们家族具有特定的天赋，必须由我们中的一个表现出来，决不能让它白白流失。我对自己越失望，就对你们越期望。”玛尼娅对被爱人抛弃的海拉也很同情，所以她对大部分青年男子充满了愤恨，她写道："的确，每个人都学着如何选择他人！如果他们不喜欢和贫寒的女孩子结婚，就让他们滚开吧。没人非要他们和我们结婚，但他们为什么让我们陷入恋爱，然后，再让我们伤心失望？"

玛尼娅走入了生命的低谷。她在信中写道，她整天教一些愚蠢透顶的学生，长此以往，她害怕自己也变得越来越傻，其实这也是很多老师担心的事情。这种情况下，她最初那些伟大的梦想就显得更加异想天开、遥不可及了。她曾写道："我现在唯一的梦想就是有属于自己的一个小家，可以和父亲一起生活。我愿意用我一半的生命换取生活独立、换一个家。万一有机会离开 Z 家，虽然可能性并不大，我想在华沙的寄宿学校找个工作，上点儿私教课挣点儿外快，这就是我所有的愿望。生活不过如此，不值得过于忧愁。"那段时间对玛尼娅来说真的很难熬。但幸运的是，玛尼娅读了一本名叫《尼门河两岸》[①]的小说，她忽然意识到自己怎么会拥有这些想法，真正的玛尼娅可不是这样的。她在写给布罗妮雅的信中说："我的梦想哪儿去了？我很想为民众做点儿事，但教十几个乡下孩子读书就已经让我捉襟见肘了，至于唤醒他们内

① 波兰小说家埃尔兹比塔·巴甫洛夫斯卡的散文诗体裁小说，叙述在俄国统治下的波兰，并描绘了尼门河地带的优美风光。

心的思想、使他们认识自己并了解自己在社会中的作用等等这些方面就更是难上加难、让人不敢企及了。生活太艰难了，我开始变得那么自私，那么普通。突然间，这样一本振聋发聩的书让我惊醒，我感到很痛苦。”同时，在信中她对堂姐说：“我的生活很有点黑色幽默的色彩，因为平日陪伴我们的都是可怕的西风，那会给我们带来暴雨、洪水和泥泞。外面没有一点儿结冰的意思，我的冰鞋落寞地挂在大橱里。也许你不知道，在这种乡下小地方，我们特别希望冰天雪地，这会带来很多好处，这和你那里加里西亚[1]的保守党和革命党之间的辩论那样重要！不要以为你的故事会让我厌烦。正相反，当听说地球上还有一些地方的人在谋划革命，在为国家的命运担忧并思考，我真的很开心！我强烈地感受到暴风雨的力量！然后我拼命挣扎，让自己从噩梦中醒来，告诉自己‘绝不能让任何人或事打倒你’。我需要有崭新的信念，有革命性的变化和爱国的行为，这些需要经常会释放出一种巨大的力量缠绕着我，让我想做傻事儿，以结束这永恒的一成不变——生活一直如此简直太枯燥了。幸而我工作很多，这种荒唐的念头不至于经常攫取我的心神。”

---

① 加里西亚原为奥匈帝国领土，第一次世界大战后归属波兰。

第七章

改变

玛尼娅早就渴望换个地方，而她的生活也即将产生变化。她听说有个学生家住华沙，而该学生现在正远在比利时度假，玛尼娅想去见她。玛尼娅突然开始疑惑，已经蛰伏乡下几年了，自己是否还喜欢这样大的改变。她不得不独自旅行，而且还要倒五次火车。她当然会迷路；或许小偷们会在夜晚趁她睡着时潜入她的隔间，但是这些事情都没发生。她安全抵达了目的地，新主人迎接了她，并给她介绍了一个新世界——一个期待着她欣赏和分享的奢华世界。学生的母亲漂亮迷人，玛尼娅有生以来第一次近距离接触由沃斯[①]设计的漂亮裙子；她应该抚摸和赞赏那些柔软的皮毛和耀眼的珠宝；墙上挂着新雇主家庭成员的画像，他们正看着她。这些油画都是大家的作品，而画中人正在与她成为朋友。她游弋在财富带来的美好事物中，发现了舞会、欢乐和音乐的魅力。另外，这些有钱人人道而善良，F 夫人也很喜欢她，去哪儿都带着她，在朋友面前叫她“非凡的斯可罗多夫斯卡小姐”。

我们不知道玛尼娅对上述这一切有什么想法，因为马上就会发生更让人兴奋的事情了：在门厅的桌子上放着一封信，上面有巴黎的邮戳，是寄给斯可罗多夫斯卡小姐的，来自布罗妮雅的字迹——一封写在方形练习本用纸上、在两次课之间仓促写成的信。爆炸性新闻！布罗妮雅要结婚了！布罗妮雅邀请玛尼娅收到信后尽快赶去巴黎，去她家和她分享这一切！巴黎！……大学！……难道她所有的梦想都要实现了吗？

事情并没有那么简单。玛尼娅早就知道布罗妮雅在巴黎和一个最聪明、最帅气、最讨人喜欢的波兰学生订了婚。他的名字，就像玛尼娅自己的爱人一样，是卡西米尔，卡西米尔·德卢斯基。

① 沃斯（1825—1895），英籍法国时装设计师先驱，率先倡导设计女性服装，并用青年女郎充作时装模特儿，在巴黎开设妇女时装店，长期领导巴黎时装新潮流。

由于沙俄当局怀疑他密谋反政府活动，所以他被迫逃离波兰。在巴黎，迫于沙俄警方的压力，法国宪兵也对他实施监控。尽管如此，他还是一个乐观的青年医生，而且就要和布罗妮雅结婚了。所以布罗妮雅永远都不会回华沙照顾父亲了。而这也就成了玛尼娅的职责，因为海拉很不会照顾人。

对布罗妮雅来说，这是多么动人、多么美好、多么理想的未来啊！但是玛尼娅回信说："我一直以来都是个傻瓜，我很傻，我应该一辈子都傻下去，或者用时下更加流行的说法：我根本就不曾幸运过！现在我很不幸！将来我也不会幸运！"考虑一下玛尼娅命运将会发生的改变，连那些"不幸"之人也会振作精神。她继续写道："我一直梦想去巴黎，这是一个自我救赎的梦想，但这一切已经随风而逝，而现在有了去巴黎的机会，我却不知道该怎么办了。我不能同父亲谈这件事。他计划明年和我生活在一起，我想给他的晚年生活带来一点儿快乐。另一方面，我的才华就这样浪费掉了，而本来我应该可以好好利用、大有作为的，韶华正在渐渐流逝，我伤心欲绝。"正是因为持有这一观点——有才华就应该有一番作为，而不能一任光阴流逝，让玛尼娅非常希望布罗妮雅收起自尊，竭尽全力讨好、乞求一个有钱的朋友来帮助约瑟夫发挥他的才能。玛尼娅认为，这样的话，不仅约瑟夫可以受益，整个世界也会因他的精湛医术而受益。玛尼娅一生都坚持一个观点：最高贵的工作就是帮助有才能的人施展才华，从而使社会受益。信的结尾，她是这样写的："我心情昏暗，悲伤至极，我是多不应该告诉你这些事儿，让你不快乐啊。"

玛尼娅回家和父亲一起，在他们自己的小家里住了至少一年。对某些人来说，这很无聊，但是玛尼娅很有头脑，与父亲的谈话让她获益匪浅，而除了父亲，其他人是不可能那样与她交流的。她又回到了"流动大学"这一秘密社团里，与进步人士高谈阔论，并继续学习。

但机会总有它隐藏的玄机。五月份时，沿着绿树成荫的克拉科大街静静地漫步，闻着66号绿草遍布的庭院中紫丁香的味道，一切都是那么安静祥和、波澜不惊。谁也不会想到，就是在这里，会发生一些让人吃惊的事，甚至是震惊世界的事！在院子里紫丁香的旁边，有一座窗户很小的两层小楼。房门上写着"工农业博物馆"几个大字。里面存放着旧犁头或史前的铁铲子吗？完全不是！俄国允许有博物馆的存在。那些地方往往十分无趣，但是任何博学之人都能在博物馆里授课。玛尼娅的表兄是这里的负责人，他秘密地在里面教授科学知识。他有个实验室，在那里，学生们可以真正接触到实验仪器。

这是玛尼娅·斯可罗多夫斯卡生平第一次进实验室！这将会给伟大的世界带来划时代的意义。她不能经常到那里去，只有在晚上或星期天才能去。每次在那里的时候，没有人教她怎么做，所以她只能独自工作，试着再现课本上描述的实验。她的实验结果经常出人意料，有时一点儿小成功也会让她充满希望，而明显的失败又会让她灰心丧气。但是她总能有所发现，并且大胆探索，从中期待着更大的惊喜。

深夜回到家中，她蜷在床上，似乎有某种东西抓住了她，攫取了她的思想，在黑暗里跟她对话。她夜不能寐，仿佛体内有另一个自己在和她对话，鞭策着她，告诉她必须起床工作。工作让她入了迷，她必须工作！那些博物馆里的试管、蒸馏器和父亲那些旧物理仪器一样，都曾是她的最爱。玛尼娅找到了自己——那个智慧的双手永远控制着试管、火焰、元素和金属的自己。与此同时，她聪明的大脑会通过双手做的事情得出结论，并预测下一步会有什么结果。

但是她该怎么办呢？理智告诉她应该去巴黎，而情感告诉她应该和父亲、哥哥和姐姐待在一起，与爱人卡西米尔·Z待在一起，后者还在努力让父母同意他们二人的婚事呢。玛尼娅在假期里曾与他见面。他们在山中漫步，并进行了长谈，卡西米尔告诉了玛尼娅自己遇到的困难，并征求她的意见。

玛尼娅已经失去了耐心，她大声说道："既然你自己都找不到解决问题的方法，问我有什么用？"她至少还是知道自己最终想法的。她匆匆给布罗妮雅写了一封信："给我一个确定的答复。我不会给你带来任何麻烦，你让我睡在哪里都可以。但是，我恳求你，给我一个诚实的回答。"

布罗妮雅诚实地回答了问题。如果电报不是那么贵的话她就发电报了。要是玛尼娅没有太多安排的话，她可以乘下一趟火车去巴黎。玛尼娅把她所有的积蓄放在桌子上，和父亲一起数了数，父亲也倾其所有添了点儿钱。就这样，他们眼前的所有卢布使巴黎之行成为了可能，当然，仅仅是可能而已。

不管怎样，玛尼娅已经没有能力支付三等车的费用了。在波兰和法国，三等车是最便宜的，幸好德国有四等车。其实四等车像行李车厢一样，没有单独的隔间，里面光秃秃的，四周只有长凳，考虑周到的人带着自己的凳子，坐在中间。玛尼娅就会那样做，这些都无所谓。她带了很多行李，这样到法国就不用买了。而且最大的行李可以提前用行李车厢寄过去——比如她的床垫、毯子、床单和桌布。她唯一不得不买的是木头行李箱——既便宜又结实，她自豪地在上面刻上M.S.[①]。里面放着她结实耐穿的衣服、鞋子，还有两顶帽子。然后她把旅途中随身要带的东西打了包：火车上三天需要的食物和水、凳子、书、一包焦糖、一床小毯子。

玛尼娅去巴黎了，那时她二十四岁，怀着对知识的渴望和梦想实现的欣喜，她期盼已久的巴黎求学之旅开始了。

① 玛尼娅·斯可罗多夫斯卡（Manya Sklodovska）的字母缩写。

第八章

“我拿起太阳，再扔出去……”

“我拿起太阳，再扔出去……”玛尼娅玩味着这句话，开心地大笑起来。她在哪儿呢？在巴黎的中心，那里有欢乐和自由，在那里能把烦恼抛到脑后，她的心情轻松愉悦。大学者保罗·阿佩尔教授会教他想教的知识，而且想怎么教就怎么教，他的课堂学生总会蜂拥而至。

玛尼娅为了听课，很早就到了索尔本大学[①]一个大阶梯教室里，并选了一个前排的座位。她把笔记本和笔袋整齐地放在面前的课桌上。周围充斥着大家各自就坐发出的噪声，但玛尼娅根本

① 索尔本大学又译索尔本学院、索邦大学、索邦学院，是巴黎大学神学部、理学部、医学部和文学部的总称，也是巴黎大学的代称，被称为西欧大学之母。

听不见，她完全沉浸在思考之中。突然，周围一片寂静，老师进来了。大家对数学充满激情，希望能在课堂上享受到学术盛宴。

阿佩尔脑袋方方的，穿着庄重的黑色长袍。他的论证极其清晰，日月星辰似乎也顺从地各就各位。他说话时，地球也任他摆布了；他大胆地到宇宙的最远处探险，玩弄着数字和星辰。他说话语气极其自然，而且声情并茂："我拿起太阳，再扔出去……"

玛尼娅感到幸福极了，这样，谁还会把科学看成是枯燥无味的东西呢？玛尼娅在想，宇宙的不变法则是多么地奇妙，而更奇妙的是人的头脑，居然能认识这些法则，科学不是比神话故事更神奇，比冒险小说更有趣吗？只要听到老师讲的那句话"我拿起太阳，再扔出去……"，她就觉得她没有白受那几年苦。

玛尼娅在巴黎碰到的事情是那么地多！当她第一次在烟雾弥漫、嘈杂喧闹的北站走下火车时，她没有注意到烟雾。她挺起胸膛，深深地吸了一口气。这是她第一次呼吸自由土地上的空气，车站外面的一切对她来说似乎都是奇迹。街上的儿童们互相嬉戏，想用什么语言就用什么语言，这对于一个只得讲俄语的波兰姑娘来说是多么令人惊奇的事儿啊！书店里出售来自世界各地的书，想卖什么书就卖什么书，而且随便买，这是多么令人不可思议啊！

最使人惊叹的是那条大道，把她——玛尼娅·斯可罗多夫斯卡带到大学去的那条大道。这里的大学也向妇女敞开着大门！在这条大道上，她第一次跳上公共马车，抢占车子上面一层的便宜坐位。多好的大学啊！索尔本是世界上最有名的大学，甚至德国人路德[①]也承认巴黎有世界上最好的学校。这所大学正在改建，到处都是工人、灰尘和嘈杂声。当工人们修整教室时，师生就得从这个教室迁到另一个教室去上课。玛尼娅对这一点毫不在乎，她终于能学到她想学的东西了。

从那以后，她开始用法语写她的基督教名字——玛丽，但对于自己的姓，她却毫无办法。她的伙伴发现她的姓很难念，因此就有点疏远她。在长长的走廊上，他们回头瞥了一眼这个金色头发、目光里透着认真而又衣着寒酸的陌生人。“她是谁？”有人问道。“一个名字很奇怪的外国人，”另一个人答道，“大家都说她物理成绩名列前茅，但不太爱说话。”

玛丽必须得努力学习。跟伙伴们比起来，她很无知，她甚至都不知道自己到底无知到什么程度。她的法语并不像她所想的那样可以随心所欲地使用。上课时，经常会出现整个句子听不懂的

① 路德（1483—1546），德国神学家。

情况。她发现自己在数学和物理学知识上有极大缺陷。因此，她开始努力补习自己的弱项。

一开始，她跟布罗妮雅和卡西米尔住在一起挺和谐。布罗妮雅是个天才，总能把事情弄得井井有条，让人感觉特别舒服。她在巴黎郊外租房子住，那儿的房子便宜些，还借了点钱把房子装饰了一下。她不是那种一边活着，一边还担心会还不上钱的人。她的家里一定要有好东西，比如装饰得很漂亮的窗帘、雅致的家具、钢琴和插着几枝鲜花的花瓶。在小厨房里，她会精心制作几道可口的菜肴和蛋糕，或者用特意从波兰送来的茶叶沏点茶，因为她觉得总有一些东西是巴黎没有的。

她住的那个地方就像住在中世纪一样，大部分住户都是屠夫，所以德卢斯基医生的病人几乎都是生病的屠夫。他在一个小书房里给病人看病，这个书房只在一天特定的几个小时里归他使用。其他时间，书房是布罗妮雅的听诊室，她在那儿给屠夫的妻子和孩子看病。到了晚上，他们会把工作完全丢在一边，两位医生总是引诱他们这位刚来的妹妹去有趣的活动场所。如果有点儿钱花，他们就带她去剧院，坐便宜的位子。如果没有钱，他们就围在自己的钢琴周围或者和被驱逐的波兰朋友们喝茶聊天。这时，谈笑声、玩闹声萦绕在煤油灯和茶几周围，茶几上还放着布罗妮雅做的蛋糕，一切美丽而祥和。玛丽经常会提早离开独自去自己房间学习，因为她觉得自己没有时间玩。

“出来，书呆子小姐！”一天晚上卡西米尔大喊道，“波兰需要你，这次你必须去，拿上帽子和外套，快点儿！我弄到了音乐会免费赠送的票。”

“但是……”

“没有什么但是！是那个我们经常谈起的年轻的波兰人，票卖得很少。我们必须去捧场。我还找了一些志愿者，我们必须去给他鼓掌，直到把手拍裂为止，这样才能让他有成就感。而且你根本无法想象他弹得有多好呢！”

姐夫那双又黑又亮的眼睛闪着愉快的光芒，让玛丽无法拒绝。她匆忙地下楼，边走边穿衣服，追赶上那辆破旧的公共马车。她坐在空荡荡的大厅里，看着一个面容俊俏的人走到台上，打开钢琴。他留着惊人的红铜色头发，又高又瘦。她聆听着……李斯特[①]、舒曼[②]、肖邦[③]，都在他灵巧的手指之下复活了。玛丽被深深地打动了。这位衣着破旧、对着几乎没有人的座位席演奏的钢琴家，

① 李斯特（1811—1886），匈牙利钢琴家、作曲家。

② 舒曼（1810—1856），德国作曲家。

③ 肖邦（1809—1849），波兰钢琴家、作曲家。

在她看来，并不像是一个初次登台的无名小卒，而像是一个王者，一个天神。

德卢斯基一家邀请这位钢琴家到家里做客。他去了，还带着他漂亮的未婚妻，碰巧的是，玛丽的妈妈斯可罗多夫斯基夫人曾经见过这个女孩儿，并说这个女孩儿太漂亮了，不敢带她出门。有时，这个头发像火一样的年轻人会去德卢斯基家弹琴，在他的弹奏下，普通的东西也因为这天堂般的音乐变得神圣起来；因为演奏的这个人是帕德雷夫斯基[①]，将来有一天他会闻名世界，先是作为一名钢琴家，之后成为了自由波兰的总理。

但那些事将发生在很久以后。1891 年，玛丽和一群被驱逐的波兰人住在巴黎，他们似乎想在法国建立一个波兰小岛。他们很穷，但他们年轻、快乐。每年的节庆日，他们会聚在一起，尽可能搞个波兰式的聚会。他们吃波兰蛋糕，演波兰戏剧，就连节目单也用波兰语印刷，并用波兰式的场景装饰：在广阔的雪地上有一座小屋，一个沉思的男孩在低头看书，圣诞老人正往烟囱里扔

① 帕德雷夫斯基（1860—1941），波兰钢琴家、作曲家，也是世界顶尖的钢琴演奏家。“一战”即将结束时，帕德雷夫斯基作为著名的钢琴师去美国白宫给威尔逊总统演奏钢琴。演奏之前，他痛哭流涕，给威尔逊递上请愿书，希望美国能够帮助波兰复国。威尔逊深受触动，而民族自决也是美国贯彻的方针，“一战”后波兰成功复国，1919 年帕德雷夫斯基任波兰第二共和国总理兼外交部长。

科学书籍，还有一个被老鼠咬过的空钱包。他们排演戏剧时，玛丽总是因学习太忙而没时间记台词，但是她曾参演过《波兰打破枷锁》的一幕戏。她穿着一件长长的老式束腰外衣，周身垂着民族色彩的长纱，金色的头发勾勒出一张斯拉夫人的脸庞，她这种典型的波兰民族装扮受到了所有年轻人的欢迎。

然而，明确表现出对波兰的热爱，即使在自由的巴黎也是一件危险的事情。斯可罗多夫斯基先生恳求玛丽不要再出现在有关波兰的庆祝活动上，因为这会上报纸。“你知道的，”他写道，“巴黎有些人很留意那些参与波兰事件的人，这很可能给你带来麻烦，今后在波兰找工作也会受阻，还是不要惹人注意为好。”

其实，玛丽几乎不需要父亲那样的提示。她想把所有的时间都用来学习，独自生活，远离钢琴的打扰，远离姐夫晚上的唠叨，远离那些朋友的来访。而且她想住得离大学近点儿，以便节省车费和坐车的时间。

她悲伤地离开了舒适温馨的姐姐家，在姐姐、姐夫的陪伴下，开始寻找自己的学习住所，寻找一种完全属于她自己的独居生活。

她要过自己梦想的生活，一种完全奉献给学习的生活。她每周不得不只花一英镑，甚至更少。她的房租、生活费、练习本、书籍和大学学费都得从这里面出。钱能够用吗？这就是她的数学问题了，幸好，她很擅长数学，但是解决这个特殊的问题需要做点儿什么。“啊！”她想，“我不需要吃那么多！”她从来没有时间学做饭。她的朋友说，她甚至不知道汤里有什么。她是不知道，她也没有时间知道。她从没想过从物理学习上抽出时间去准备晚餐。因此，她就靠黄油面包、樱桃、茶来度日，偶尔也吃个鸡蛋或一块儿巧克力。

她的房费很便宜——每周四先令六便士。住处是屋顶下的阁楼，通过屋顶斜坡上的窗户来采光，没有暖气、煤气和水。她所有的家具就是一张折叠钢丝床、一张波兰床垫、一个炉子、一张桌子、一把餐椅、一个脸盆、一盏只能照针鼻大点儿地方的煤油灯、一个每天都要从楼梯平台的水龙头接满水的水桶、一个做饭用的酒精炉、两个盘子、一把刀子、一把叉子、一个汤匙、一只长柄锅、一个水壶和三个茶杯。有客人来访时，她的行李箱上可以坐两个人。

每年用的两袋木炭是从街上买的，她一桶一桶地运到六楼上，以供取暖之用。灯也用得极少。天一黑，她就去圣日内维埃尔图书馆看书，她用手托着头，胳膊肘放在长长的桌子上，一直到晚上十点关门。之后她就只需要用油灯坚持学习到凌晨两点，最后上床睡觉。

吃住、取暖和照明的问题都解决了。关于穿，玛丽可以自己缝缝补补、洗洗刷刷，这样就可以保持整洁，而不用买新衣服。她可以用一点儿肥皂在脸盆里洗衣服。

这就是她的计划——一种有趣的省钱方式，这样就没什么事情能打扰她学习了。但是女孩儿的身体有时自己说了不算。玛丽经常惊奇地发现，她一离开书本就觉得头晕。有时上床休息还没来得及躺下，她就晕倒了。醒来时，她心想自己肯定是病了。即使是这样，她也没在意，只是想着自己很快就会好起来的。

当她的医生姐夫告诉她，她看上去好像生病了时，她回答说她一直在工作，而后就转到要看望孩子的话题上。她开始给布罗妮雅的新生宝宝做大大的宠物玩具，想把大家的注意力从自己身上移走。

但幸运的是，一天玛丽在公共场合晕倒了，一个目睹此事的女孩儿找来了卡西米尔，等他到了这儿，玛丽已经好了，但卡西米尔坚持要给她检查一下。然后，他一句话也没说，检查了她的房间。“饭橱在哪儿？”他问道。而玛丽根本没有饭橱。她根本没有吃饭的迹象，只有一包茶叶表明她喝过东西。

“今天你吃过什么东西？”医生问。

“今天？……不知道……我刚吃完午饭……”

“你吃过什么？”

“一些樱桃……噢，还有一大堆东西……”

最后，玛丽不得不承认，从昨天起她只吃了一些萝卜和半磅樱桃。她一直用功到凌晨三点，仅睡了四个小时。

卡西米尔非常生气，生这个小傻瓜的气。而玛丽灰色的眼睛却无辜而又愉快地看着姐夫。同时，卡西米尔也生自己的气，因为他没有看出这位聪明的妹妹在某些事情上竟然这么傻。

他固执地命令她收拾好下一周用的东西跟他走。他气得说不出话来。回到家，布罗妮雅被派出去买牛排，而玛丽被逼着一口一口咽下这块带血的牛排和一些脆土豆。不到一个星期，她又变得像刚从华沙来的时候那么健康了。

由于她担心考试，她被获准回到了自己的阁楼——条件是她得合理饮食。但是，哎！就在第二天她就又让自己的肚子“喝西北风”了。

用功！……用功！……玛丽感觉自己的脑子更好使了，手也更灵巧了。不久，李普曼[①]教授交给她一项创新研究，她获得了表现思想的敏捷和独创性的机会。除了星期日，一周六天中，无论

① 李普曼（1815—1921），法国物理学家。

哪一天人们都能看到她穿着粗布实验服在索尔本大学的高级物理实验室里，站在一张橡木桌子前，观看某些精密仪器或盯着某些奇特的物质发生着物理反应。和她一起做研究的其他人大部分是男生，他们都非常安静地围在她旁边，共同做着这件比聊天更吸引人的事情。

但实验结果出来后，男孩们都看着这个女孩儿，挤在门口想跟她说句话，围着她迫切地想和她交朋友，她也不再像以前那么冷淡了。可那些男孩们凑上来想同她一起走时，她的朋友迪金斯卡小姐就用她的遮阳伞“嘘”的一声把他们都轰走。玛丽没有时间交朋友。凭着钢铁般坚强的意志、对完美疯狂的热爱和常人难以想象的执着，她一直在不懈地努力着。

1893 年，她以第一名的成绩获得物理学学士学位，1894 年又以第二名的成绩获得数学学士学位。对于法语学习，她也是精益求精，不允许自己的发音带有波兰口音；她想把法语说得像法国人一样，“r”音有一点儿卷舌，虽然她从没刻意这样做，但这更加增添了她的魅力。

她不会忙得忽视巴黎的春光。她从来没有忘记自己是一个属于大地的波兰农民。一到星期天，她就到农村去，谈论着丁香花和开了花的果树，空气中也弥漫着花香的味道，让她很惬意。

当灼人的七月来临时，又有一场考试。玛丽有些紧张。她和其他三十个同学一起被关进一间令人窒息的屋子，她盯着卷子，好像上面的字都在自己眼前跳动、闪烁。她赶快集中精神开始答题。和其他人一样，她也怀着沉甸甸的心情等待着出成绩的日子。成绩出来了，她溜到大阶梯教室的角落里去等成绩通知，挤在学生和家长的中间，她感觉自己很微不足道，因为她自认为这次的确考得非常糟糕。

说话声、走动声突然消失了。考官拿着名单走进来了。玛丽还没来得及仔细听，考官已经说出了第一名的名字：

“玛丽·斯可罗多夫斯卡。”

假期来临了，玛丽很高兴可以带着好成绩回家了。还有别的东西也要带回家——礼物！这次，她可以把剩下的钱全都花掉，是的，所有的钱，每一分钱。她可以给父亲、约瑟夫、海拉买礼物，给自己买好 2000 英里[①] 旅程要吃的食物。每个波兰人都要把钱花光，然后满载礼物回家，这是个不能违拗的习俗。

漫长的暑假里，她在波兰所有的亲戚都请她吃饭。但有一个问题一直困扰着她：秋天开学时她该怎么办呢？大学里每周至少

① 合 3200 多公里。

要花 1 英镑，到哪儿去筹钱，又怎样筹到下一年的花销呢？迪金斯卡小姐拿着阳伞又一次出现了。这回没人知道她用伞对付了谁。但她说服了华沙政府授予玛丽奖学金，她告诉他们这个女孩儿会给他们的城市带来荣誉。随后，好消息就传到了玛丽那儿，她可以获得 60 英镑的亚历山大奖学金。这就意味着另一年的学习费用有着落了。她小心地、尽可能节省地花这笔钱；自己能挣钱后，她又小心地节省，希望能还上这笔奖学金，这样其他的贫困生也能得到资助，享受她享受过的快乐。多年以后，当奖学金委员会秘书收到这笔还款时，感到非常吃惊，因为从来没有一个学生想过要还这笔钱。

她又回到巴黎，投入到学习中去了。对她来说，学习根本不是苦差事，而是她全力以赴的追求，这段生活经历也成了她的挚爱：学生时代，她贫穷、艰苦、孤独，但又奋力拼搏，用青春铸就不懈的执着，那才是最真实的她。她一直被称为“永远的学生”——那种在古老故事里描述的古老大学里我们才会碰到的学生：年轻、贫穷，渴望知识，认为自己有能力实现某些伟大的目标，并不惜任何代价。

在旧的煤油灯下工作，玛丽知道自己某种程度上是在和一些伟大的科学家一起工作，可以为人类造福。她没有赖以生存的一切，但是她活得很伟大，很快活，无忧无虑。追求真理就是她每天的乐趣，虽然这样的乐趣偶尔会被像鞋子穿破了这种小插曲所破坏。而买双新鞋又会使她拮据好几个星期，因为她不得不忍受更饿更冷的生活。一天晚上她实在是太冷了，就把行李箱里所有的衣服都拿出来堆在床上，可是她还是觉得冷，除了一张椅子，已经没有什么能动的东西可以盖在身上了。所以，她就把它拽过来压在顶上，为了不让她唯一的保暖架子倒下来，她一晚上都不敢动。

清晨，水桶里的水会结冰，屋里冰冷刺骨。但是她热爱那段艰苦的生活，所以她写了一首诗当作纪念：

在残酷与艰难的生活中她学会了坚强，
而她周围的青年，正以一种有增无减的热情贪婪地
把轻易得到的快乐浪费，
虽然身处孤独，可是她过着默默无闻的幸福生活，
因为她那宽广的胸怀充满热情。
但是这多福的时光也会慢慢过去，
她必须离开科学领域，
去为衣食奋斗，
踏上生活的灰色路途。
她那倦怠的精神时常回到阁楼的角落，
那里曾经有她安静拼搏的场景，
还有许多生活的回忆。

第九章

玛丽的爱情故事

玛丽陷入了困境。这不是第一次，也不会是最后一次。她已经获得了一项很有趣的科学实验来做，但是她没有实验场所。全国工业促进协会让她就各种钢铁的磁性写篇论文。这恰恰是她喜欢的工作。她在李普曼教授的实验室里已经做得很成功了，但很显然，那里没有足够的空间放置她需要的那些沉重的仪器。她必须分析矿物成分和各种金属样品，而她也不知道该去哪里获得购买场地的贷款。她把自己的困难告诉了一个搞科学研究的波兰朋友——科瓦尔斯基先生。他和妻子一起来到巴黎，一是为度蜜月，二是来做科学讲座。

科瓦尔斯基严肃地看着她。他知道这件事情很重要，但是他在巴黎也是人生地不熟，有关场地的事情，他又能有什么办法呢？

“我有个主意！”犹豫片刻后他大声说道，“我认识一个重量级人物，他在勒蒙大街的理化学校工作。也许他会有房子借给你，至少他可以给你出个主意。你明天晚饭后到我们家喝茶。我会请那个年轻人过来。他很有名；你一定听说过他的名字——皮埃尔·居里。”

玛丽走进科瓦尔斯基暂住的阴暗公寓时，她看到一个高高的青年男子站在朝向阳台的落地窗前。他看上去很年轻，这使玛丽很吃惊，因为她以为会见到一位成功男士。这个陌生人带着某种新颖而且非常引人注目的东西，他的自在和优雅似乎都隐藏在他略显肥大的衣服里。他很欢迎别人介绍给他的这个女孩儿，他的表情非常清晰地说明了这一点。这种表情使他显得很真诚、简单和年轻。她喜欢他严肃但又天真无邪的笑容。他们马上开始谈论科学，那不正是他们聚在一起的原因吗？

这个男人非常与众不同，在他很小的时候，他的医生父亲就意识到了这一点，所以没有让他上学，而是给他请了很好的家庭教师。他很恋家，喜欢父母和唯一的哥哥陪在他身边。他热爱科学，刻苦钻研，然后把观点写进日记。年轻时他写道：“女人比我们男人更喜欢为了生活而热爱生命，所以天才的女人凤毛麟角。当我们把全部思想用于某项伟大工作，从而远离我们平凡的生活时，我们就必须与女人斗争。母亲对儿子精心呵护，同时也希望得到儿子的爱，即便过度的溺爱让孩子成了呆子，她也在所不惜。一个坠入爱河的女人随时愿意牺牲世界上最伟大的天才，哪怕仅仅是为了一小时的爱情。”

这样看待女孩儿或女人是一种充满仇恨的方式，但皮埃尔有他的理由。一方面，他的看法某种程度上有一定道理，另一方面，他的初恋经历让他很悲伤，而且他已经下定决心永不再提此事，而且永不结婚。在那个决定命运的重要夜晚，当他和玛尼娅在实验室里谈论科学时，他三十五岁。在法国，几乎没人知道他，没人重视他。面对历史上最伟大的人，法国似乎总是将其忽略，这很令人心碎，也非常奇怪，但这似乎就是法国的传统。可伟人依旧伟大，并不会因此而逊色。

但在国外，他已经有些名气。他和哥哥的发明能够帮助人们测量极微的电量，其他国家最伟大的科学家们都在心怀感激地使用这项发明。他自己发现了晶体结构的对称性原理，这成为近代科学的基础。他已经用自己的名字命名了新的天平和新的物理定律[①]。他是像凯尔文勋爵[②]一样荣耀的人类领袖，但是以上所有的一切成功让他得到的只是高级技工的工资，一周三英镑。

当然，他的贫穷从某种程度上来说也是他自己的过错。他得到过一份工作，钱是主要的奖励，但是他回复说："不，谢谢，再也没有比总惦记着钱更加不健康的思想了。"他曾被提议获得政府荣誉勋章，但他又决定放弃，并决心永远不接受类似的勋章。

这个稳重的科学家站在玛丽面前，他修长而敏感的手搁在桌子上，沉静又清澈的眼睛深刻而镇定，他审视着她，并跟她交谈。也许突然间，他会想起自己过去的想法——"天才的女人凤

① 指"居里天平"和"居里定律"。

② 原名威廉·汤姆生（1824—1907），英国物理学家、数学家。

毛麟角”。

一开始，谈话很平常。之后，皮埃尔和玛丽谈到了科学。她来这里只是为了谈论科学吗？带着一丝敬意，她问了这个看上去很年轻的伟人一些问题，听取他的建议。然后他谈到了自己，以前很少提及这些，还有他的目标和结晶学。他对结晶学一直都很迷惑，但又很感兴趣，并在探寻它的规律。一个突然的想法掠过他的脑海：自己和一个女人讨论自己热爱的工作，并且运用了科技术语和复杂的公式，之后他发现这个迷人又年轻的女人也开始感兴趣并兴奋起来，他发现她能听懂，而且能够用正确的理解一起探讨细节……这是多有趣的经历啊！他又看了一眼玛丽，她那秀美的头发、她被化学的腐蚀性物质和家务弄得粗糙的双手、她的优雅、她怡人的神态中透露出的十足的自由感——太迷人，太令人心烦意乱了。这个在波兰工作数年的女孩儿一直有着来巴黎的梦想，现在终于来到了这里，住在一间阁楼上。她身无分文，却独自奋战。

“你打算一直住在巴黎吗？”

“不，当然不是，”玛丽回答说，“如果今年夏天我能通过考试，我会回华沙。我当然想秋天的时候回来，但是我不知道我是否有钱支付学费。将来我会在一个波兰的学校教书，努力让自己有点儿用处。波兰人是不会抛弃她的祖国的。”

话题悄悄地转到波兰的悲惨境地和她残酷的主人身上。皮埃尔，一个只想着科学发现的人，惊讶而伤心地听着人类挣扎以求自由的故事。也许他在想，当科学家们被迫让自己的思想远离科学的时候，真理和知识会遭受多么巨大的损失啊。也许他开始梦想，他必须和波兰斗争，把这个罕见的科学天才留在法国。不管怎样，他不想和她失去联系。他开始和她在物理学会上见面，她去那里是为了听听最新的研究报告。他把自己限量版新书的副本送给了她。他还经常看到她在李普曼的实验室里穿着亚麻衣服，在仪器堆里工作。

后来，皮埃尔询问了玛丽的地址，并拜访了佛扬替纳路11号。也许他还记得巴斯德①也曾经在这条街上住过。当爬过六层楼梯进入阁楼之后，这个医生的儿子被屋里极其简陋的场景感动了。但玛丽住在这儿非常满意！当她穿着磨破的长袍，穿过几乎空着的房间来见他时，她似乎从来没有这么美丽过。她身子瘦弱、生活艰苦，却又充满热情、固执而任性，房间里空空荡荡，她一无所有，但她又是那么地美，那么地迷人。

① 巴斯德（1822—1895），法国微生物学家、化学家，近代微生物学的奠基人。

皮埃尔所有的痛苦都离他而去，他曾经的痛苦就像被阳光照过的雾气一样，消失得无影无踪。他们进行了交谈。他带着完全不同的精神回去工作，那些对他来说不太值得做的事情变得越发重要和清晰。他把自己的新理论写成了一篇最优秀的博士论文。同时他还发现，一个女人，不仅不会扼杀男人的才华，反而会唤醒男人沉睡的天赋，走向更大的成功。他放弃了自己原先的想法，有了更进一步的想法，因为他已经把自己的心给了玛丽。

但是玛丽心里是怎么想的呢？皮埃尔试着找出答案。他把她带到美丽的法国乡村，一起采雏菊带回家，给阁楼带来纯洁和优雅的气息。他带她离开巴黎，回到索镇的家里，见他的父母。玛丽感觉自己好像回到了第二个家，跟自己在华沙的那个家一样，身边都是自己的亲人，他们彼此关爱，热爱书本，热爱自然，尤其热爱科学，有这种感觉真的很奇怪。他们谈到美丽的波兰，谈到玛丽远足穿过美丽而宽阔的草地，谈到她一想到即将来临的假期就高兴的心情和在瑞士山间的快乐。

皮埃尔大声说，“但是，你打算十月份回来，是吗？”突然的寒战让他的心揪了一下，“对你来说，放弃科学事业是一种罪过。”

玛丽没有上当。她知道他的意思——抛弃他也是一种罪过。

但是波兰占据了她的心。可她还是害羞地抬起头，看着他说，“我感觉你是对的。我应该很愿意再回来”。

不久之后，皮埃尔鼓足勇气把自己的想法变成了语言，向她求婚。但是玛丽说她永远都不会答应，她永远不会和一个法国人结婚，然后离开波兰。此后，他们又讨论了多次，因为皮埃尔知道科学站在他这一边，而他不相信有人会为了国家的责任而放弃科学，毕竟科学是服务于全世界的。

玛丽又回家度假了，她没有给皮埃尔任何承诺，只说他会是她永远的朋友。皮埃尔又给她写了封长信劝她，并计划去瑞士待几天，和玛丽见面。但玛丽和父亲在一起，他想自己的出现可能会破坏这个女孩儿完美的假期。他把自己所有的想法和顾虑写信告诉她，并说出自己的观点，那就是一个男人活着的唯一梦想——科学之梦。他写道：

关于政治，你永远不知道你会做什么，为政治献身，你就有可能会毁掉你的国家。如果你梦想帮助全人类，你可能不知道怎样去做。但科学是可靠的。任何科学发现，不管多么微不足道，只要你为此做了工作，那就会永远保持在那里。真理，一旦被发现，它就不会消失，也不会危害人类。

相信我

深爱你的

皮埃尔·居里

玛丽喜欢写信探讨自由这个话题。

她回信说："自由都是空话！我们都是奴隶，情感的奴隶，偏见的奴隶，不得不谋生的奴隶，就像机器上的轮子。我们不得不向身边的某些事情屈服！如果屈服得太多，我们就是可怜的，自私的；如果屈服得不够，我们就会被压垮。"

十月份，玛丽回到了巴黎。固执的人不仅仅是她自己，皮埃尔也十分固执，坚定地追求着她。如果只对身边的一件事情屈服会怎样呢？皮埃尔开始考虑他是否应该屈服。刚刚产生这个想法，他就行动了！他提出放弃巴黎跟玛丽去波兰。他第一次计划放弃科学，为了谋生而教法语，然后他再想办法转行继续进行科学研究。

玛丽向布罗妮雅吐露了她的犹豫，咨询姐姐的建议。在她内心深处，她觉得没有人有权利让另一个人做出这样的牺牲，但皮埃尔竟做出了这样的承诺，这让她很不安。她脑子里全是皮埃尔对她的倾情付出，所以她心里非常地乱，简直是一团乱麻。皮埃尔又去了德卢斯基家，寻求玛丽姐姐的支持。

布罗妮雅和玛丽一起拜访了皮埃尔的父母，当从他母亲那里听说皮埃尔是一个相当温柔的好儿子时，她知道把妹妹的幸福交到他手中会很安全。

犹豫了十多个月后，皮埃尔和玛丽——两人都曾在心中发誓永远不会结婚——放弃了那个不现实的想法，走向了幸福。

玛丽的哥哥从波兰给她写了封信，表示完全理解并支持她的决定。好像是波兰对这个波兰女孩儿说，她和法国科学家皮埃尔·居里结婚要比回华沙当女教师对波兰贡献更大。而且，即将发生的事情确实证明，玛丽做出了正确的选择。

所以，玛丽可以开心地计划她的婚礼了，那会是一场多么奇妙的婚礼啊！

1895年7月26日，晴空万里，艳阳高照，玛丽·斯可罗多夫斯卡美丽的面庞上也是一片喜气。她梳好头发，穿上卡西米尔·德卢斯基母亲送给她的蓝色裙子和有条纹的蓝色女式衬衫。她并不想要一件真正的结婚礼服。她很高兴能有件新裙子，因为她只有一条平日穿的裙子。她更喜欢有用的东西，因为婚后她还可以在实验室里穿。

她穿好衣服，和皮埃尔一起坐公共汽车离开，坐火车去索镇，在那里举行婚礼。沿着圣米歇尔大街，强壮的马匹发出得得的马蹄声，经过巴黎大学时，两人深情地对视。他们是否在想，要是两人没有走到一起会是什么样呢？

在索镇，除了布罗妮雅和卡西米尔，还有从华沙千里迢迢赶来的斯可罗多夫斯基先生和海拉，没有其他客人。居里夫妇买不起金戒指，也没有喜宴。最重要的结婚礼物是两辆闪闪发光的自行车，那是一个表亲送给他们的，他们打算以骑车外出旅行的方式来度过蜜月时光。

两个父亲婚礼之后在花园里见到新郎和新娘时，一个父亲对另一个父亲说：“你会发现玛丽是个值得疼爱的女儿，因为自从她出生以来，就从没让我痛苦过。”

第十章

居里夫人

皮埃尔和玛丽启程了，他们要去享受一个不同寻常的蜜月之旅。他们不用买票，也不用预定房间，因为他们只是骑着自行车出发，去想去的地方。他们把几件衣服捆在自行车上，夏天有点潮湿，他们又带了两件长长的橡胶雨衣。骑车走在雨过天晴的林荫道上十分惬意，轮胎静静地在潮湿的路上行驶，两边都是大树，耀眼的阳光斑驳陆离地照在树干上，头顶上是夏天茂密的树叶，路面上都是树荫，留在树上的雨滴会不时抖落在两人的身上。

两人一起开始了神奇的探险，他们看不到长长林荫道的尽头，不知道晚上在哪里睡觉，更预测不到这个探险的结局，想象不到会发生什么激动人心的事儿。

皮埃尔一向喜欢在人烟稀少的森林里漫步。他喜欢森林里的凉爽和湿润，当他外出来到岩石山边时，他喜欢野生丛林中迷迭香、墨角兰和野蔷薇的味道。不管他路过这里时是白天还是夜晚，是黎明还是黄昏，也不管他是十一点或三点吃饭，还是七点或十点吃饭，在山间这一切都是一样的。他感到这次旅行比以前更为甜蜜，因为有玛丽陪在他身边，而且她不会因为时间长短和守时问题让他心烦。

他们不打算太奢侈，再说也没有高档的酒店。傍晚，他们来到一个村子，找一家简陋的小客栈，一个有餐厅和几张桌椅的地方。店里的“老板”给他们铺上干净的白桌布，给他们送来浓浓的热粥。晚饭后，他们上了吱嘎作响的木头楼梯，沿着弯曲的通道来到一个房间，一根蜡烛发出昏暗的光，连褪色的墙纸也照不清楚。法国农村小客栈都是如此。晚饭不错，床铺干净又舒服，价格便宜。

第二天，喝过咖啡，吃过小圆面包，他们骑车沿着另一条公路出发，道路两旁依然是茂密的树林。一条长长的绿色林荫道把他们带到了神秘的森林深处。他们下了车，把自行车放在路旁的一间村舍旁，看了看指南针，因为在那样的法国森林里是很容易迷路的。他们把苹果放进兜里，踩着青苔遍布的泥泞走进大森林，这太美好了！对他们来说，没有所谓的方向、时间，而且也没人管他们什么时候回来。

皮埃尔漫不经心地大步走在前面。玛丽总是小步跟在后面。她没戴帽子，虽然那个时候女人都戴帽子散步，但不戴帽子是居里夫人创立的一种时尚，当然，她还会继续创造时尚。她的裙子，原来应该是拖地的，但那会儿鞋子沾上了泥。后来，她用一根松紧带扎了起来，把脚踝露了出来！她的鞋子厚实耐穿，皮带上有能装刀子、钱和手表的口袋。她清楚地听到皮埃尔说要走完前面的路，仿佛他要赶火车似的。他很显然是在和她说话，虽然他从没有把头转向她，他似乎是对着树木做关于晶体奇妙性质的发言。没有什么对话比讨论晶体更学术、更难懂了，或者说得更科学一点儿，有关晶体学的讨论。玛丽开心地听着，她的回答、评价和建议与皮埃尔的见解同样富于智慧，所以两人的声音似乎是在表达一种思想。

玛丽感觉有点儿累了，这时他们也不知不觉地走到了森林出口。那儿有一个长着芦苇的池塘。玛丽索性躺在岸上晒太阳，皮埃尔却像个小男孩儿一样去捕捉池塘里的东西：蜻蜓、蝾螈，还有火蜥蜴。水面远处有睡莲，近处开着黄色的鸢尾花。他想用它们打扮玛丽，但是没有船。不远的地方有一棵树倒在水里——正好派上用场，也许有点儿滑，但是对一个爱人来说这点儿困难又算得了什么呢？幸运的是，他很快就回来了，用湿的睡莲和鸢尾花做了一个王冠花环戴在了妻子的头上。

然后，他好像突然看到了活物，他又一次静悄悄地朝水面爬去。玛丽没有参与，她什么事儿也不干，坐在那里享受五月的阳光，多么惬意啊。突然，她大叫一声，惊恐地看着自己的手上。一只凉凉的、湿湿的青蛙正坐在那儿呢！

“你不喜欢青蛙吗？”皮埃尔惊讶地问。他自己一直很喜欢。

“喜欢，但不能放在我手里。”

“谬误！看到它们多让人开心啊。你看，它帅吗？”

为了避免玛丽紧张，皮埃尔还是很快把青蛙放回池塘里，开心地享受两人独处的惬意。

他们继续一路走，一路聊，玛丽一直戴着她的王冠花环，直到他们再次走上公路，骑上自行车。

八月中旬，沿着远处的森林道路环行巴黎之后，他们来到北部的尚蒂伊——一个被庞大森林淹没的小镇。现在，如果从那里路过，那里的赛马总是会从它们气派的马厩里看路人。玛丽和皮埃尔要和家人在森林里一家叫作“拉比什”或“鹿”的农场会合。在那儿，他们见到了布罗妮雅、卡西米尔和他们的孩子海琳——大家都叫他“禄”；还有老德卢斯卡夫人，斯可罗多夫斯基教授和海拉。

森林里的那家农场有它独特的魅力：周围非常寂静，偶尔会听到狗叫声、树枝折断的声音、伐木工隐约发出的斧头砍树干的声音、受惊的野鸡快速扑闪翅膀的声音和黄鼠狼捕兔子的声音。周围遍地是黄色的铃兰花叶子，真是美极了。

在农场里，他们畅所欲言，并且经常和“禄”聊天，他漂亮、滑稽、快乐，已经三岁了。他们时而和斯可罗多夫斯基教授聊严肃的科学，时而又讨论如何教育孩子。有时，他们还会和从索镇来参观的皮埃尔的父母亲讨论医学和政治。法国是做精彩演讲的地方，当玛丽听到丈夫的父亲和朋友们精力充沛地讨论政治时，她经常感到吃惊。政治绝对是他们的生命，他们热切地关心他们的国家是怎么统治的。在自由的法国，他们想说什么就说什么，这让他们的谈话很有趣。但是皮埃尔不一样，他不喜欢政治，因为他说自己不擅长发火。但是当政策不公平或残酷时，他会偏袒一方——受压迫和虐待的一方。

蜜月结束后，皮埃尔和玛丽开始在巴黎的一座房子里生活，他们很少操持家务，因为不会有客人来，所以屋里只有两把椅子。如果一个不识趣的陌生人辛苦爬到五楼拜访他们，看见这对夫妇正在家工作，他只能看看四周，找个座位，不用说他也就意识到这个家庭似乎不太欢迎来访者。强烈的进取心使他们根本没时间谦逊地招待客人。居里夫妇不想拿出时间来娱乐。玛丽实际上不得不干两个女人的工作：妻子应该干的活儿，这对大部分妻子来说已经足够多了；还有一个科学家要干的活儿，这是大部分科学家感到永远干不完的活儿。

她决定把家里的摆设弄得简单点儿，这样可以减少在家务方面浪费的时间。没有需要抖动的毯子，没有要擦的扶手椅或沙发，墙上没有需要弹灰的油画之类，也没有要磨光擦亮的东西。桌子、两把椅子和书架是未磨光的松木做成的，这是一种讨人喜欢、不惹麻烦的木材。房间风格简朴，装满鲜花的花瓶是为了让房间漂亮一些。而书本、台灯和一堆堆物理学的纸张显示出这是一个学者的书斋。两个人彼此相爱，又热爱自然，喜欢搞研究，有了这些，夫复何求？可他们还得吃饭。这对他们来说似乎是个遗憾，可玛丽不会再次忽视这件事儿了。

她买的第一件帮她操持家务的东西是一本黑色的笔记本，封皮上印着“账簿”两个金色大字。她知道完美的家务算术是家庭幸福的最重要的基础，对一个一年要花240英镑的家庭来说，这显得尤为重要。

她也要让自己厨艺高超，否则皮埃尔的消化就会出问题。另外，她还要找一些能让晚饭自行煮好的方案，这样的话，她就能利用白天大部分时间待在实验室里做科学研究了。事实是残酷的，难以改变，但是大脑总能想出办法。第一点是要把白天变得长一点儿。她一大早先去市场购物，然后回家整理床铺，扫地，准备做饭。做饭真愁人！在结婚之前，她已经跟布罗妮雅和德卢斯卡夫人学习过烹饪，但一个人不可能在课堂上学到很多，错误往往是最好的老师。皮埃尔有一点好处，他不知道自己吃的是什么，不管晚饭做得好或不好他都很高兴。尽管法国是著名的烹饪大国，但是玛丽不能忍受她法国婆婆的观点——波兰女孩儿不会做饭。所以，她把菜谱看了一遍又一遍，并把它们当成科学知识学习；她在页边空白处做笔记，把她的成功和失败记录下来。但是有些事情菜谱是不会告诉你的。比如，牛肉应该在热水里煮还是凉水里煮？豆子多长时间才能煮熟？什么东西使得一根通心粉很快地和另一根通心粉粘在了一起？这些奥秘需要用科学实验来证明。

渐渐地，玛丽变聪明了。她发明了一些能在她出门时自行煮好的菜，她精确地计算火焰的温度，然后知道这种或那种炖菜分别需要多少时间，把煤气炉调好后，她离开了家，然后在实验室待 8 个小时。这说明，科学知识对做饭还是有用的。

晚上和皮埃尔一起步行回家时，她会买些水果或蔬菜。到家后，晚饭也已经做好，她的家务活就完成了。她把花费记在本子上，然后拿出书本学习，一直到凌晨两点，为的是再拿一个学位。这是漫长的一天，从早晨八点到第二天凌晨两点。但她还能写信对哥哥说："我们一切都好——身体健康，生活幸福。我一点儿一点儿地布置我们的屋子。但是我想让家里保持一种简单的格局，这样我就不用操心，也无须多加照料，因为我很少有人帮忙，只请了一个女工，每天来一小时，洗洗碗碟并做些粗活。"

他们的生活没有令人兴奋的事情。他们经常去索镇探望皮埃尔的父母，但是他们会带着自己的工作去，而且一人一间房，这样让两个人感觉就像在自己家里一样，他们也就会同样地努力拼搏。他们几乎不去看电影，甚至不去其他地方。他们甚至没钱回华沙参加海拉的婚礼。他们整年都在工作，只有复活节时休息了几天，直到第二年八月，玛丽又投入到紧张的考试中。

她再次获得了第一名。皮埃尔骄傲地搂住了她，陪她走回了家。他们一到家就给自行车打足气，装好背包，出发去了奥弗涅山区[①]。

玛丽记录下了那段假期："有一天，阳光明媚，我们奋力骑车攀登，累得气喘吁吁，终于来到了奥布拉克高原[②]的草地上，空气清新，满目碧绿，给我留下了鲜明的记忆。一天晚上，我们流连在特吕耶尔山谷，忽闻民歌小调，只见一只小船徐徐驶来，顺水而下，歌声又渐行渐远，我们恍若置身人间仙境，乐而忘返，直到翌日清晨才回到住处。归来途中，遇见一辆马车，马受到自行车的惊吓，飞奔起来，我们赶忙下了大路，穿过翻耕过的田地，又走上了沉浸于朦胧月光中的高原旧路，关在栏里的耕牛，用它们平和的大眼睛庄严地看着我们走过。"

假期过后，他们又开始工作。生活用更多的艰辛告诉玛丽·居里——就像之前告诉玛尼娅·斯可罗多夫斯卡一样——要想得到世界上最美好的事物，就需要有极大的付出。

玛丽喜欢科学，喜欢和皮埃尔分享一切，她也同样渴望要个孩子。但怀孕后她发现自己什么都做不了。她不能和皮埃尔一起

① 奥弗涅山区位于法国中部，是火山区域，到处是青山碧水和原始峡谷，自然风光优美，有众多的山泉和温泉。

② 奥布拉克高原位于法国南部山脉周围。

研究 8 个小时的金属磁性，也不能和皮埃尔骑车游走在布列塔尼半岛[①]蓝色的海边。她吃惊并讨厌地发现自己不得不向一些事情屈服。她父亲专程从波兰赶来，想让她早点休假，她陪父亲住在了布朗港。此时皮埃尔用简单的波兰语给她写过动人的书信，虽然他发现这种语言很难，但是他为自己的进步感到自豪。

“我极端喜爱的如此亲切和温柔的小姑娘，我今天收到你的信，觉得很快乐。这里的一切还像往常一样，除了我对你的思念与日俱增，我的灵魂已经随你而去。”玛丽用简单的波兰语给他回了信：“一切都好。阳光普照。天气炎热。没有你在我身边，我很伤心。快点儿来吧。我从早到晚等着你，你还是没来。我很好，正在尽力工作，但是庞加莱[②]的书比我想的要难。我必须和你谈这本书，并且和你一起把我不甚了解的地方再看一遍。”

后来，艾琳[③]的出生给玛丽增加了工作量，但也带来了很多快乐。她叫她“小皇后”，并且自己给她喂奶、洗澡、穿衣。如果不是医生让她找个保姆的话，她会自己干所有的活儿。

---

① 布列塔尼半岛是法国的一个大区，位于法国西北部，在英吉利海峡和比斯开湾之间，首府是雷恩。

② 庞加莱（1854—1912），法国著名数学家、物理学家和天文学家。

③ 艾琳，即艾琳·约里奥·居里（1897—1956），法国科学家，居里夫人长女。1935 年，她和丈夫约里奥·居里一起获得了诺贝尔化学奖。我国著名科学家钱三强在法国巴黎大学留学期间师从她和她的丈夫。

所以现在占用玛丽时间的事情由三件变成了四件：实验室、丈夫、家务和女儿。当她想工作的时候，艾琳正因为长牙大哭，房子都要被哭声震倒；要么艾琳感冒了，要么碰到头了，要么有点儿发烧。而这对恰巧都是伟大科学家的父母，不得不整夜不睡觉来照看这个长着蓝眼睛的小东西。有时候，即使艾琳很安静，在实验室里忙着做科学研究的玛丽也会惊慌失措，她扔下报告，冲进公园，看看保姆有没有弄丢她的孩子。当然没有！保姆正在那里安全地用幼儿车推着艾琳呢。保姆离开后，爷爷成了艾琳忠实的奴隶，这样当实验室需要玛丽时，她就能离开了。

但是大家都知道艾琳的母亲比原先瘦了。她很幸运，曾经健壮的她比以前更漂亮了，带着一种高贵、朦胧的美。她几乎是虚幻的，好像一阵风都能把她吹走。但她眉骨高耸，双目炯炯有神。

第十一章

伟大的发现

玛丽像其他卓越的理科学生一样，一直在实验室努力工作。她已经获得两个硕士学位和研究生奖学金，还写了一篇关于回火钢磁化作用的论文。她事业的下一步就是获得博士学位，这也是最有志向的学者所希望获得的头衔。为了获得成功，需要发现某种未被发现的东西，或者解决一个未被解决的问题。其实世界上有很多未被解决的问题，其中一些问题也许根本没有解决办法。一个人可能用一生的时间来工作，最后却发现自己一无所获，而且还浪费了所有的时间和生命。莎士比亚[①]曾说过：自然有一个

① 莎士比亚（1564—1616），英国戏剧家、诗人，举世公认的大文豪。

伟大的礼物是“缄默”。在所有的未知当中，玛丽会选择发现什么呢？

皮埃尔是她所在实验室的主任。她会采纳他的建议，因为他是一个有着丰富知识和经验的物理学家。他当然能提出一些必要的建议，一些能帮助人类并能引导人类探求未来知识的建议。但是，有没有任何隐藏的无知阻挡了通往知识的道路呢？两个人经常讨论这个问题。一天，玛丽在翻看一本讨论最新发现的科学杂志时，注意到亨利·贝克勒尔[①]一年前发表的一些著作。玛丽和皮埃尔对这些著作很感兴趣。她又读了一遍，用心地研究。

有些物质自己会发光！它们没有从太阳甚至星星那里收集到光，但是自己会发光！这是怎么回事儿呢？玛丽对此很感兴趣。

伦琴[②]最近发现了一种叫X光的新射线，医生们已经把它用于透视人类肌肤以内的东西。接着，庞加莱感到疑惑，开始研究与X光类似的其他射线是否是“荧光性”物质在光的照射下放射出来的。贝克勒尔对这个问题也很感兴趣，他对某种物质进行研究，看看能否找到假设存在的那些射线。通过对一种叫作铀盐的

① 亨利·贝克勒尔（1852—1908），法国物理学家，因发现天然放射性，并与居里夫妇一同在放射学方面做出杰出贡献而荣获1903年诺贝尔物理学奖。

② 伦琴（1845—1923），德国物理学家，因发现伦琴射线而荣获1901年诺贝尔物理学奖。

稀有金属的研究，他发现一件极为惊人和新奇的事情：铀盐不接受任何光的照射就能自己发出射线。以前从来没有人遇到过这样的事情；也没有人能理解或解释这种射线的奇特性质。贝克勒尔知道一点儿相关信息：比如，把铀的一种化合物放在黑纸包住的照相底片上，它可以透过黑纸使底片感光，而且能把周围空气变为导电体，使验电器放电。这真是惊人的射线啊！

贝克勒尔发现了一个事实，那就是这种奇怪的辐射在世界上确实存在。玛丽决定对它加以研究。这将是她博士论文的题目。这种物质可能非常小，但是应该逃不过她的眼睛。她会找出那种辐射来自哪里，它的起源和影响是什么，事实上是指它的性质是什么，或者说简单点儿，它是什么。如果想找出某种物质是什么，也就是要解释这种物质。

没有任何书籍可以参考，只有贝克勒尔发表的几篇学术报告，而这些报告对这个问题并没有深入研究。世界上没有人知道和她论文题目相关的知识，所以没有老师可以教她。她正进入一个未知的领域，开始从事一种冒险的工作。

正如一个计划探知巴西森林奥秘的探险家，需要一艘船把他带到亚马逊河一样，玛丽需要找个地方，她的实验才能开始。这种地方不好找。皮埃尔询问了周围的朋友。但是没有人能想出一个合适的地方来做如此重要的事情。理化学校的校长提出建议，学校大楼底层的贮藏室可能适合做这个研究。那个屋子里到处是蜘蛛网，它们凌乱地罩在机器和杂物上，但是场地大小还可以。

在那个偏僻的角落，玛丽安顿了下来。幸好她很快就适应了艰苦的环境。冬天，她不得不使自己满足于十一摄氏度的温度。这对她来说还是能忍受的，可是她的仪器非常脆弱，在困境中更容易出错。当屋里潮湿时，它们就会受影响，而且它们还需要稳定的温度。静电计是相当灵敏的，所以玛丽不得不考虑这种仪器的性质，在做实验时把环境造成的误差考虑在内。

她开始了对铀射线的研究。首先，必须对铀射线做定量测量，测试它的“电离能力”。然后，查明它们怎样使空气变成导电体，多长时间之后才能使验电器放电。

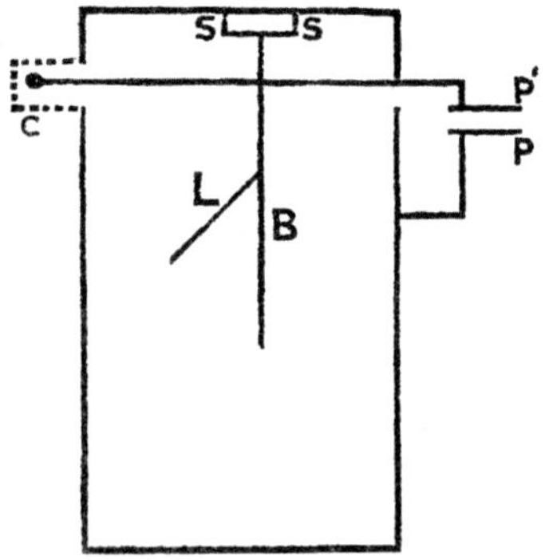

她的验电器是一个金属盒子，相对的两侧各有一个小孔。盒子里面有一个垂直的黄铜条 B，顶上一端连接在盖子内的一块硫黄绝缘体 SS 上。一根水平的电线与 B 垂直连接，它的一头连在圆形把手 C 上，另一头连在电容器底盘 P' 上。与 B 相连的还有一条金属箔片 L。这个金属盒子和地面相连。静电荷通过验电器，被测物质放在连接在盒子外部的电容器底盘 P 上。这种物质会通过空气在 P 和 P' 之间传导，验电器中的静电荷会漏出。在漏电的过程中，金属片 L 会逐渐与铜条 B 闭合。

玛丽通过盒子上的一个洞用显微镜观察里面所发生的事情。金属箔片闭合的时间和铀射线的能量成正比[①]。几周之后，她就已经很确定铀的放射性了——这种射线的强度——和她放在 P 上的样本铀元素含量成正比，它不受样本化合物情形、阳光和温度或外界环境的影响。可以说，它具有一种未知且独有的性质。这种射线到底是什么呢？

再继续通过铀来研究这种未知的辐射已经很难再取得什么进展了。她想，难道这种微小、独立、原始的特性也存在于铀以外的其他物质当中？没有人发现这一现象，但是我们没有理由说它

① 引自《不列颠百科全书》。——英文原文注

不会被人发现。玛丽能为我们找出答案。她决定检查“所有已知的化学物质”。这是多大的决心啊！所有已知的化学物质……！

可是，除了要研究所有已知的化学物质外，还有丈夫和家庭需要照料，她要给艾琳穿衣、喂饭，陪她玩耍和学习。但是玛丽·居里只知道工作。一个猜测在她脑海中闪过，也许这个猜测会在所有人的脑海中闪过，但事实上没有，这个猜测就是如果铀元素能自发发出射线，在巨大的宇宙中，一定会有其他的物质也具有这样的特性。

是的，确实有。玛丽发现了另一种叫作钍的物质。之后，她把这些能自发放出射线的现象称为“放射性”。

最终，她检查了所有已知的化学元素，那些由无数不同的方式和比例构成的元素组成了整个世界。其中有两种元素有放射性，这是怎么回事呢？如何解释这种奇异而美丽的现象呢？已经检查过所有的已知元素了，她似乎无法更加接近她想要寻求的答案，还能做些什么呢？

对世间万物，玛丽有非凡的好奇心。她决定去博物馆，开始研究矿物。那些含有铀或钍的矿物一定有放射性，当然，那些不含铀或钍的矿物就不会有放射性。有人已经记录下矿物的组成成分，玛丽只需要参照记录，检查那些有可能含有铀和钍的矿物质就可以了。

当她发现一种放射性的矿物后，测量了其中铀和钍的含量，然后测量整个矿物的放射性。一加一应该等于二，但是它们的结果是八！

1+1=8！！！

这种被测矿物的放射性要比其中铀或钍的含量所预计的放射性强度大得多。但是，通过实验，她知道这是不可能的。她不得不重新做实验，因为一定是哪里出了错。

如果是实验错误，那她就必须重新测试。但结果是一样的。重复……重复……再重复，她重复测试了二十次，但结果完全一样。

最终只有一种解释：这种矿物一定含有一种少量的、未被察觉的、比铀和钍的放射性强得多的未知元素。

1898 年，那时的确有一种人类先前未知的物质存在。玛丽对布罗妮雅说："我不能解释的这种辐射，是由一种未知的化学元素产生的……这种元素一定存在，只要找出来就行了！我们确信它存在，皮埃尔和我对一些物理学家说过此事，但是他们都认为是实验的错误，并且劝我们谨慎。但是我深信我没有弄错。"

玛丽非常激动，这种未知的元素会是什么呢？她曾写过这样的话：“生活对每个人来说都不容易——但是那有什么关系？我们应该有恒心，更要有自信！我们必须相信，既然我们有做某事的天赋，那么，我们必须不计代价，把这件事做成。”

1898 年 4 月 12 日，玛丽正式宣布：“沥青铀矿和铜铀云母比纯铀的放射性强得多，这个事实值得我们注意。我们有理由相信，这些矿物中含有一种比铀的放射性强得多的元素……”

她相信这种新元素一定存在，但是她必须看见它，让人的眼睛见证它的存在。那时，皮埃尔·居里热切地关注着妻子的工作，并不断和她讨论，最后他干脆放弃自己的研究，和她一起努力让真相大白——找出那种未知的元素。两个头脑、四只手在寻找那微小的物质。玛丽发现了新元素。这是她的功劳。之后，她和皮埃尔共同承担了所有的工作。

他们选择研究沥青铀矿，因为它的放射性比其中所含铀的放射性强了 4 倍。但是所有科学家都知道它的成分。居里夫妇坚定地认为，这种新元素一定非常细微，以至于逃过了那些仔细的科学家的双眼。他们猜测，这种新物质在矿石中的含量也许只有百分之一。我们不知道，要是他们知道含量只有百万分之一的话，他们着手此项工作时会做何感想。

他们开始把组成沥青油矿的各种物质分开，然后逐一测量所分开物质的放射性。研究表明，放射性主要集中于沥青油矿的两个化学部分里面，而且它们是两种新物质。1898 年 7 月，他们发现了这两种物质其中的一种。

皮埃尔对玛丽说："你应该给'它'定个名字。"

不同的想法闪过她的脑海。这个发现会闻名于世，每个国家都会报道，所以她想以自己被压迫的祖国波兰命名。于是她小声地告诉皮埃尔这种物质的名字："钋"[①]。

后来，她回家去做果冻，给艾琳洗澡换衣服，在日记本上记下孩子的体重，还记下孩子正在长乳齿，会用手势"道谢"，已经会说"走哩，走哩，走！"了。

但休假的时间到了。钋和那种未知的物质——另一种新物质——被留在了潮湿的实验室里，两个科学家带着孩子和自行车搭乘火车去了奥弗涅山区。他们游览了很多小村落里的大教堂，拜访了奇山险峰上古老的小教堂，还参观了死火山。两个人边走边讨论另外一种尚待发现的新物质——那种没有人看见过的物质。他们在克勒蒙[②]观看平顶山，就是在那里，法国第一位英雄维尔琴

① 英文为"Polonium"（钋），发音和拼写均与 Poland（波兰）相似，居里夫人以此纪念她的祖国。

② 法国中南部城市，位于亚列尔河畔。

盖托里克斯[1]让不可一世的凯撒[2]尝到了失败的痛苦。他们漫步在埋葬贝特朗·杜·盖克兰[3]的小镇上，正是这位伟人让法兰西成为一个民族。他们站在高处观赏旁边那条古老的道路，腓尼基[4]人正是沿着这条崎岖不平的道路把锡从未开化的英国运到了文明的东方世界。所有过去的历史仿佛再次呈现在他们周围，并在他们的脑海中重现，就像一颗不停闪烁的星星，闪耀着神秘的光芒，而那种未知、将知的元素就隐含其中，可当时这种元素对所有人来说还是个迷。

到了秋天，居里一家三人又开始工作了：艾琳又长出了几颗新牙，已经学着用两只脚走路而不是满地爬了，而她的父母在潮湿的实验室里继续寻找那种未知物质。

1898 年 12 月 26 日，在写给科学院的报告中，他们低调宣布了第二种放射性元素的存在："这种新的放射性物质中含有一种新元素，我们提议给它定名为镭（Radium）……镭的放射性一定极大。"

① 公元前一世纪高卢社会人民派领袖，曾在格尔哥维亚打败过凯撒。

② 凯撒（公元前 100—前 44），罗马将军、政治家，曾被维尔琴盖托里克斯打败过，但最终击溃维尔琴盖托里克斯统帅的高卢军队，征服整个高卢。高卢现在法国境内。

③ 贝特朗·杜·盖克兰（1320—1380），法国民族英雄，百年战争初期杰出的军事领袖。

④ 古地名，位于地中海东岸，靠近黎巴嫩山。

第十二章

黑暗中的一丝曙光

这种神秘陌生的放射性元素有了名字，但是至今没有人见过它的样子，就连给它起名的皮埃尔和居里也没有见过。它还没有像其他体面而真实的物质一样，使人们能接触到，看到，放进瓶子里，或给它称重。称重是一个很重要的问题。重量——“原子量”——对科学家来说就是这种物质存在的证明。如果这种物质只存在于皮埃尔和玛丽脑子里，却不知道这种物质的原子量，从科学家的角度来说它就是不存在的。所以，皮埃尔和居里必须提取出镭并确定它的原子量。当他们做到这一点时，科学家们就承认它的存在了。

居里夫妇想：“它存在于沥青铀矿中，却小得无法用肉眼看见。但是，如果我们能获得大量的沥青铀矿，把镭提取出来，我们就能获得用肉眼看得见的一小块儿镭了。”

但是，他们怎样才能获得真正大量的沥青铀矿呢？一百吨吗？如果他们真正获得大量的原料，应该放在哪儿呢？如果有地方存放了，他们又怎样研究呢？

科学家工作起来都是按部就班的。首先，要获得沥青铀矿原料。他们知道哪里能找到大量原料，因为波希米亚[①]人用它来生产漂亮的玻璃，但是它的价格很昂贵，居里夫妇没有钱，更不用提购买的事儿了。但是，波希米亚人并不是用沥青铀矿直接生产玻璃，他们从里面提取出玻璃工业用的铀盐，然后把大量没用的残渣堆放在圣约阿希姆斯塔尔矿附近的森林里。居里夫妇说：“镭和钋不在铀盐里，所以它一定在那些残渣里。也许我们能说服工厂经理把残渣以便宜的价格卖给我们。”

那位工厂经理心肠很好：“卖？如果你们自己能付运费的话，送给你们好了。”可即便只是运输费用也高得吓人，但居里夫妇还是用他们不多的积蓄把残渣运回了波希米亚。

原料的事情解决了，火车车厢会装满残渣运抵巴黎。但是，

① 现位于捷克共和国境内，以制造水晶玻璃制品而闻名。

把原料放到哪儿呢？

皮埃尔和居里回到了他们的科学故乡——索尔本大学。他们认为在索尔本大学的无数建筑中，当然能找到一些废弃的房屋来存放他们认为价值连城、让人兴奋的残渣，但他们没有成功！他们不得不回到他们自己的理化学校求助，但是仍然没找到满意的地方。仅有的一个可用的场所是他们实验室对面的一个院子，里面有个棚屋。这真是个棚屋啊！玻璃屋顶残缺漏雨，这会扰乱任何实验，因为实验过程应当保持环境干燥。里面没有地板，只有一层沥青盖着土地；没有家具，除了几张破旧的炊事用桌、一块黑板和一个连着生锈烟筒的旧火炉，什么都没有。夏天，在里面工作的人能被煮熟，因为房顶是玻璃的。冬天，人在里面会被冻僵，因为外面的世界天寒地冻。如果遇上雨天，里面的人就会被雨水浇透。以上这些都不要紧，但是最关键的一点是因为他们没有给屋子安装把有害气体排放出去的通风烟囱，所以大部分的工作必须在院子里，在露天进行。有句俗语说得好，“讨饭的不能挑肥拣瘦”，所以，居里夫妇索性安下心来，凑合着在棚屋里工作。

伟大的早晨来临了。挂着铃铛，长着闪亮黑毛的几匹大马拉着一辆像运煤车一样的载重马车，停在了理化学校门前。也许，人们都很吃惊地看着这对夫妇迫切的样子，身上还穿着实验室的工作服，不戴帽子就跑了出来，高兴地欢呼着迎接他们的货物。如果是煤，他们可不至于如此大呼小叫。

但是，这不是煤，是一袋袋棕色的残渣。没等到把袋子搬到屋里，玛丽就兴奋地在路旁几匹大马严肃眼神的注视下，抓住系口的绳子，撕开了口袋。这是沥青铀矿！她的沥青铀矿！确切点儿说，沥青铀矿的组成部分才是最重要的。她的内心、眼睛、刺痛的手指都充满了好奇。最后，她把双手伸进那暗无光泽的棕色残渣，里面还夹杂着波希米亚松林里的松针。那种放射性的陌生的镭，真的会在这些残渣里面吗？她能从残渣里找到她的命运吗？即便需要把这些小山一般的残渣全部提炼一遍，玛丽也在所不惜，她一定要找出答案。

第一批用麻袋装着的残渣被搬到了棚屋里，四年的研究工作也从此开始了，这是玛丽一生中最辉煌、最开心也最艰苦的四年。

她用一个大铁锅煮沸沥青铀矿的残渣，还要用一根和她差不多高的铁棒搅动那些东西。她坚持全天工作，甚至在棚屋吃饭——这样不用中断研究。她的头发被风吹得飘起来，穿着满是尘土和酸迹的工作服，搅动着那些坏脾气的烂泥。她选了“男人的工作”——在室外干粗活儿，而皮埃尔则坐在室内的桌子旁，努力通过精密无误的实验找出镭的特性。有时，她一次炼制 40 多磅[①]原料，棚屋里放满了装着沉淀物和溶液的大瓶子。她搬运重物，移注溶液，不停搅动锅里沸腾着的物质。

在棚屋里干完整整一天重活儿后，玛丽还要回家照顾孩子。给艾琳洗过澡，放上床后，玛丽希望能回去和皮埃尔一起工作。但是艾琳可不同意，只要玛丽一走，那个可怜的小东西就在床上叫“妈妈！妈妈！……”所以玛丽只能返回去坐在孩子床头，直到她睡着。皮埃尔对此事不太满意，他也需要玛丽回去帮他。但是艾琳睡觉后，夫妻二人就能坐在一起工作了，直到深夜。

到了第二天，他们又开始工作。镭到底在哪儿呢？他们会不

① 每磅约合 0.45 千克。

会永远都看不到它？工作日延长成了工作月，工作月变成了工作年，两年变成了三年，三年变成了四年。他们好像是在梦里工作，心里只想着一件事儿，也只讨论一件事儿。一天，玛丽有了一点空闲时间，她和皮埃尔在院子里踱来踱去时说道："我们真正看到它时，它会是什么样儿呢？"

皮埃尔说："我希望它有美丽的颜色。"

1900 年，一位名叫安德烈·德比埃纳[①]的法国化学家过来帮忙，在他们还没有瞥见镭和钋的时候，就发现了这两种物质的"兄弟"——安德烈称之为"锕"。

载重马车一次次地运来更多的沥青铀矿残渣，放在大门口。每天，玛丽靠她超强的毅力和惊人的耐性，不断把溶液提纯，其中镭的含量也越来越丰富。但是，镭还没被发现，它依然保守着自己的神秘。

虽然她有着惊人的毅力，但困难还是接踵而至。她和皮埃尔没有足够的生活费了，也没有足够的时间来做研究。皮埃尔为了挣到 240 英镑的工资，必须上很多课，他们要靠这些钱生活，这

① 安德烈·德比埃纳（1874—1949），1899 年发现了放射性元素锕，这是继居里夫妇开创的沥青铀矿研究之后，继续研究取得的成果。1906 年皮埃尔去世之后，他协助居里夫人从事教学和科研。1910 年他和居里夫人制造出相当数量的金属镭。

占用了很多研究镭的工作时间，但是这些钱还是不够他们平日的费用和艾琳的保姆费。所以皮埃尔想努力找一个大学教师的职位，这样，他的工作就会更好一些，而且工资也多；也许，他能获得一个真正的实验室，并供有电气和专门设备，这样他就不用白天上那么多课，晚上还要疲惫地批改作业了。

但不幸的是，职位不是总会给那些最适合它的人。它们经常会眷顾校长的朋友或那些懂得赞美职位是如何美好的人。机会来了，皮埃尔可以申请一个那样的职位，别人告诉他，按照惯例，他必须拜访委任委员会的每一个成员。他讨厌那样做。他害羞地按门铃，通报，进门坐下，但是当委员会成员出现时，皮埃尔太不好意思了，以至于他极为热情地称赞他的竞争者而不是他自己。自然，选举那天，他的竞争者当选了。

但为了生存，必须要想办法。于是，皮埃尔申请到法国最著名的两所学校之一的综合理工学校当辅导教师，以获得微薄的报酬——每年工资 100 英镑。这样的话，每年就可以增加一点儿收入。

恰恰在他忙着办理这件事情的时候，日内瓦大学提供给他最迫切需要的东西——一个大学讲师的职务，一间漂亮的实验室，还有所有他要求的仪器设备。他接受了，然后和玛丽去了日内瓦。

但是当他们到了那儿之后，他们意识到不能抛弃巴黎，绝对不能，最起码不能抛弃他们的孩子——“镭”。不管巴黎对他们怎么不好，只有在巴黎，他们才能做有关镭的研究工作。所以，带着歉意，皮埃尔放弃了日内瓦的好职位，回到了巴黎。迎接他的，只有贫穷和对镭孜孜不倦地研究。

后来，两人又高兴起来了。因为皮埃尔在物理、化学与自然科学学校得到了一个职位，玛丽则去塞夫勒女子高等师范学校当了初级教师。这些女学生很幸运，因为有玛丽·居里教她们。很多人都能在塞夫勒教学，而研究镭的工作却只能由她完成，令人伤心的是，大家都没有意识到这一点。玛丽极为用心地备课，得到了学生们的赞扬，因为这是所有女生所知道的最有创意、最有吸引力的课程。但是，每周都要有几次花很长时间坐电车去上班，这让她很辛苦，而且也浪费了很多宝贵的时间，她还要准备给学校女学生上课，辛苦地批改作业。这就像让伦勃朗[1]画门柱一样，有点大材小用，而且浪费时间。皮埃尔和玛丽的身体都有点儿透支了。他们还能看见镭吗？

玛丽已经忘了婚后制定的饮食计划了。“你们差不多不吃东

①伦勃朗（1609—1669），17世纪荷兰最伟大的画家。

西，你和他都一样，”他们的医生对皮埃尔说，“我看见过好几次，居里夫人只嚼两片腊肠，然后喝一杯茶。你想，营养如此不足，即使是很健壮的身体也会吃不消吧？……我知道你会反驳说：‘她不饿，她不是小孩子，知道自己应该做什么。’老实说，她不知道！她的举动真像小孩子。我是出于友谊才说这些的。你们根本没有留出充裕的时间吃饭……吃饭时也不应该看书，更不应该谈论物理学……”

皮埃尔一度建议他们应该集中精力研究镭的属性，放弃想看见镭的努力，但是玛丽不听。

她离成功越来越近了。她已经停止炼制那些顽固的残渣。她已经从原料中得到了可以放在室内的东西，那好几吨东西里面就含有镭。为了深入研究，她需要精密的仪器，一个不干不湿，不冷不热的地方，一个没有东西会扰乱精确实验过程的科学实验室。但是她没有那样的地方，尘土、酷热、寒冷和大风不断地破坏她的工作，这让她不得不重做，浪费了很多时间和精力。但她的确有惊人的毅力。

那是 1902 年。在玛丽宣布镭可能存在后的第三年零九个月时，她终于战胜了这个陌生的放射性物质。她在提炼物中看到了星星点点的亮光，她看见了镭。她提炼出了十分之一克镭。它有重量，它的原子量是226。在事实面前，化学家们不得不低下了头。

晚上，玛丽和皮埃尔坐在屋里，艾琳已经上床睡觉了。这个四岁的小皇后答应闭上眼睛睡觉，并让妈妈回到皮埃尔那里做完她的衣服，因为自己的衣服都是妈妈做的。突然，玛丽放下手中的活儿，说："我们回去看看吧！"

皮埃尔无须多问。他们只离开镭两个小时，但是他们渴望再次看见它。他们需要它就像需要孩子一样。他们告诉孩子的爷爷老居里，说他们出去一会儿。然后，两个人挽着胳膊，穿过远离市中心街区的拥挤街道，走过工厂，来到了勒蒙街的棚屋。

"不要点灯，"玛丽说，"你记得你对我说'我希望它有美丽的颜色'吗？"

在黑暗的棚屋里，镭不只有美丽的颜色，它还自动发光！

"看呐！看呐！"玛丽低声说，她小心翼翼地走到椅子前，坐下来，看着周围。

黑暗的屋子里有零星光亮，像苍白的蓝色月光在水上舞蹈，点点荧光一闪一闪，永不停歇。在桌子和架子上，他们能看到那些奇怪而神秘的放射性物质。在装着这些物质的小容器里，他们最终看见了镭，看到它在黑暗中放射出自己独特的光芒。

第十三章

决不借此营利

全世界都为之振奋！因为一种全新的东西进入了人们的日常生活，并改变了人们对于很多事情的看法。谈论镭的不仅仅是科学家，孩子们在放学回家的路上也谈论着。由于世界上所有最伟大的发现都是由男人完成的，因此在相当长的时期内，女人们都很失望。而这次她们终于欣喜若狂，因为最终是一个女人发现了一种新奇的东西。但开始，没有人能够料到镭竟然是那么奇妙。

居里夫妇收到了来自英国、丹麦、德国和奥地利的著名学者寄来的大批信件，请求他们提供有关新发现的资料。各地的科学家也都来研究镭，并发现了它和相近元素的更多特性。两个英国学者，拉姆赛[1]和索迪[2]，发现镭自身会放出少量的新气体，他们把它叫作氡。换句话说，镭可以转变成氡。这个发现非常令人吃惊。科学家们多年来已经习惯嘲笑中世纪的炼金术士了，因为术士们竟然相信能把铁变成金。在科学家眼中，炼金术士在烟雾弥漫的神秘山洞里炼金的画面只是一种不可思议的梦境。科学家们曾经说过，任何物质都是独一无二的，有它独特的化学组成和原子量。现在他们却不得不面对这样一个事实：氡来自于镭。同时，他们也想知道是否还有其他的物质也可以创造出新的物质。也许，那些炼金术士的灵魂正在嘲笑这些化学家呢。

不管怎样，把铁变成金只是传说，而镭的发现可是伟大的功绩，更重要的还是它的功用。它看上去就像桌子上的盐一样不起眼，可是它的放射性却是铀的两百万倍。它发出的射线可以穿透除了铅以外的任何坚固金属。它也有缺点——它太活跃了，即使把它密封在玻璃试管里，它也会在一天之内挥发掉四分之一。它自身可以产生足够的热量，一个小时就可以融化和它等重的冰。若是不受外面冷气的侵袭，它就会变热，而且比周围空气的温度还要高。如果封在玻璃杯里，它会把玻璃杯变成紫红色或紫色。

① 拉姆赛（1852—1916），英国化学家，1904 年获诺贝尔化学奖。

② 索迪（1877—1956），英国化学家，1921 年获诺贝尔化学奖。

如果包在纸里或棉花里，它会把纸或棉花腐蚀掉。如果在黑暗中没有蜡烛，它能发出足够的光供人阅读。

镭最奇妙的一点就是它不但自己有放射性，还会把这种放射性传递给任何与之靠近的东西，而这种慷慨的性质经常会带来诸多不便。

镭对人类事务突然表现出兴趣，因为它会使真正的钻石发光，却对玻璃人造宝石不屑一顾。买钻石的人就可以借此来检验钻石的真假。

可怜的玛丽发现这种传染干扰了他们所有的实验，这让她非常苦恼。任何放在镭试管旁边的东西都会变得有放射性；它的这种辐射光量会传给空气、灰尘、玛丽的衣服、实验仪器和笔记本。这些东西根本无法拒绝这种持久的辐射性，甚至在居里夫人去世后很久，这些东西依然发光。

科学家们都喜欢推翻自己的观点，所以在刚发现镭的前几年里他们一定很开心。这种奇特的镭不但自己创造出了新元素，而且这种新元素又再次产生新元素，并不断产生变化。这些放射性元素组成了一个奇怪的家庭，家庭里的每个成员，都是其母质自动嬗变产生出来的。但是，令科学家们震惊的事情还不止于此。他们发现在某个确定的时间内，每种放射性元素会失掉它实质的一半，而且这个给定的时间是确定的——这叫作半衰期。但半衰期时间很长，所以我们无须担心会失去这些放射性元素。铀的半衰期是几十亿年，而十亿年就是十万万年。镭是一千六百年，而镭射气是四天，镭射气的“子孙”则只需几秒钟。

你能看见镭，而且感觉它是静止不动的，孰不知就在你盯着它看时，它的内在活动隐藏着生产、冲突、杀戮和自杀。

后来，这种奇特而活跃的物质不断发生新变化，而且将来会有更多意想不到的变化发生。皮埃尔不顾危险，亲自实验镭的作用。手上的皮肤变红了，但是不疼。后来颜色转深。二十天后结痂，伤口像一般的烫伤。然后出现疮痕。四十二天后，疮痕由外到内慢慢愈合。

后来，玛丽发现镭也灼伤了她，虽然镭被放在一个玻璃试管里，可这个试管是放在一个锡做的箱子里的。

再后来，他们的朋友贝克勒尔回家时把装着镭的玻璃管放在夹克的口袋里，结果被严重灼伤了。

“看看你发现的这个精灵！”他向玛丽大叫道，“它凭什么伤害我？我爱它，可我还是得跟它算算账。”玛丽也要跟她喜爱的东西算算账，因为她的指尖也伤得很严重，都没有皮了。

但很快人们就开始善待镭的这种灼伤功能，因为伤口愈合得很好。医生们对它产生了极大的兴趣。他们用它把坏皮肤烧掉，当伤口愈合时，病症也就消失了。这给世界带来了巨大的希望——也许镭可以用来治疗癌症。

不管怎样，镭被证明是很有用的。人们都想购买。玛丽从八吨沥青铀矿中提炼出了一克镭。它值三万英镑，但却不是用来出售的。只要她活着，她就会珍藏它，把它留给她的实验室，作为多年努力工作和巨大胜利的珍贵象征。

一个星期天的早上，皮埃尔和玛丽正坐在凯勒曼大道的家里，邮递员送来一封寄给皮埃尔的信，上面贴着一张美国邮票。他仔细地看了一遍，然后把它折起来放在自己的桌子上。

“我们得谈谈”，他说，“关于镭的事情。它将被大量生产。他们从美国布法罗[①]来信询问关于镭的一些信息。”

“嗯？”玛丽有些不耐烦。

“呃，我们可以选择……我们可以十分公开坦诚地描述我们提炼镭的方法和结果……”

“当然。”玛丽微笑着说。

“或者，”皮埃尔继续说道，并没有注意到玛丽打断了他的话，

①美国纽约西部城市。

“我们可以把自己当作镭的发明者，以此知识的拥有者自居。如果要这样的话，在发表如何从沥青铀矿中提取镭的方法之前，我们就必须拿到专利，然后就可以从全世界镭的生产中获取利润。”

事实很清楚地摆在他们俩面前，如果接受，就会拥有巨大的财富。生产镭的专利权会给他们带来足够多的钱，这样，就可以建一座很好的实验室并可以买到更多的镭来做研究。如果他们有了钱，可以做多少事情啊！

玛丽想了一会儿，说道：“那是不可能的，如果我们那么做，就是在完全违背科学精神。”

皮埃尔也同意，但他让玛丽好好考虑了一下，因为一旦做了决定就不能再更改了。他提醒她要考虑到他们两人都梦想的实验室和他们女儿的未来。她真的确定不想变得富有吗？

玛丽知道科学家们所遵循的老传统，就像法国化学家巴斯德所作的那样，她说道：“物理学家总是公开发表他们的研究。我们的发现不过偶然有商业上的用途。我们不能从中谋利。再说，镭将在治疗疾病方面大有用处。我觉得似乎不能借此谋利。”

皮埃尔又一次同意了，他也认为出卖镭的知识是违背科学精神的。当天晚上，他就给美国回信，把他们想要的信息都告诉了他们。

这样，皮埃尔和玛丽没有任何遗憾地与成为百万富翁的机会擦肩而过。他们的镭不是用来营利的。科学精神给他们和全世界带来了镭。不管这个世界如何世风日下，他们还是喜欢科学精神的，因为科学精神可以把知识无偿地奉献给全人类。在皮埃尔和玛丽能选择财富的时候，他们选择了贫穷，他们骑着自行车，穿过夏天的树林，开始他们的平凡之旅，去为他们的房间采摘野花去了。

第十四章

黑暗

那时，玛丽和皮埃尔已经享誉全球。法国多次给他们授奖，英国也向他们发出了邀请。他们去英国时，给同样从事科学研究凯尔文勋爵带去了一份礼物——装在玻璃瓶里的微小镭粒子。他们见面后，皮埃尔如孩子般高兴，将礼物赠给了他们的朋友。皮埃尔受邀在英国皇家学会做关于镭的演讲，而玛丽成为了第一位出席庄严皇家学会会议的女人。皮埃尔在演讲中向所有博学的英国学者展示了镭的神奇魅力，皇家学会从未举行过如此受欢迎的演讲。英国皇家学会的学者被居里夫妇深深地吸引，整个伦敦都在翘首期盼镭的“父母”。在为欢迎居里夫妇举行的晚宴上，玛丽只穿了一件简单的黑色礼服，而英国皇室贵族们却个个佩戴着闪光的珍珠和钻石。他们惊奇地发现，这位女科学家没有戴任何珠宝，她那双被酸液腐蚀地伤疤累累的手上没有一枚戒指，但她看上去同样尊贵，比那些贵族丝毫不差。她手指纤细，苍白硕大的前额下有着一双深邃的眼睛，一看就知道她异常聪颖。玛丽欣赏着周围的“珠光宝气”，她发现一向漫不经心的丈夫也在注意着这炫丽的一幕，不禁有点儿惊讶。

“珠宝非常漂亮，不是吗？”她问他，“我简直不敢相信世上还有这么美丽的珠宝。”

皮埃尔笑了。“你知道吗，”他说，“晚宴上我无事可做，所以就在计算这些妇人脖子上戴的宝石价值多少，能建多少间设备齐全的实验室！”

是啊！居里夫妇的确“与众不同”。他们了解一种自己本身能发光的物质，它所发出的光不同于珠宝的反射光。这对夫妇甚至不知如何处理英国皇家学会授予玛丽的戴维金奖章。皮埃尔将奖章给了艾琳，因为女儿可以咬着玩儿，但奖章够大，所以又不必担心她吞下去。艾琳喜欢这个玩具。

他们更不知如何应对名誉、人群的追捧、掌声和记者的采访。这些只会让玛丽感到苦恼。

1903 年 12 月 10 号，居里夫妇和亨利·贝克勒尔一起获得诺贝尔物理学奖。玛丽成为第一个获得诺贝尔科学奖的女科学家，但她并没有激动万分。她真正享受的是这枚奖章的意义：她获得了同行对自己研究工作的认可，还有资金可以支配。可名誉给她带来了烦恼，无数陌生人写信祝贺她，向她索要亲笔签名，摄影家和记者要求采访她，对此她感到厌烦。“我真希望将自己埋起来，获得一点儿安静。”她写道。

她很愿意支配这笔钱，这笔钱的去处显示了她的真诚和魅力。她存起了一些钱，作为家庭收入来支付给在实验室工作的人，也可以让皮埃尔无须在物理学院授课，从而更好地进行科学研究。她给德鲁斯克斯在波兰建的疗养院送了一份大礼，送给皮埃尔的兄弟和自己的姐妹一些礼物；她捐助了科学学会；她还帮助了一些波兰学生、几个在实验室工作的男孩儿和一个急需用钱的赛夫勒女孩儿。后来她想起了自己的一位法国老师。这位老师住在波兰，怀有一个美好的梦想——重游她的出生地法国，但这对她来说是不可能实现的。玛丽给老师写了一封信并邮寄了一些路费，邀请老师来法国旅游，并与她住在一起。这位老妇人被这意外的惊喜感动地哭了。最后，玛丽也送给了自己一份礼物——在凯勒曼大道的家里安装了一个新式浴室，并更换了一间卧室的壁纸。

可一般人是多么愚蠢啊！他们可没想着如何募集资金建造一

个实验室，以便帮助居里夫妇更好地研究镭元素，相反，他们却浪费了玛丽的时间。为了在回家的路上不受干扰，玛丽不得不在街上躲躲藏藏，远离人群；报纸报道了他们生活的细枝末节，甚至连艾琳对保姆说的话、屋顶上猫的颜色都被曝了光。要知道居里夫妇热爱自己的家庭生活，并不愿意把自己的一切公之于众。面对这一切，玛丽愤然道："这妨碍了我们的工作。我们的生活被荣誉毁掉了！"忙碌的玛丽对大家一再的打扰十分反感。一次，玛丽和法国总统吃饭时，一位夫人走到她身旁，问能否把她引荐给希腊国王。"我觉得没有必要。"玛丽温和地说。她看了那位夫人一眼，惊奇地发现她就是总统的妻子卢贝夫人。"当然……当然，我愿意做您吩咐的任何事情。"她脸红了，断断续续地说。对于很多人来说，觐见国王是一件令人高兴的事情，可玛丽却不这样想。她太累了，她还年轻。她想要一个轻松的假期，可以什么也不做，只是高高兴兴地玩儿。她想做一个普通的母亲和妻子。她希望艾琳的百日咳很快痊愈，希望皮埃尔的病好起来，自己不必再为此担惊受怕。二十年前在波兰跳过舞后，她的生活中就只剩下工作了。而此时，她从未如此渴望没有工作、无所事事的日子：忘记自己是著名的居里夫人，再次做回玛尼娅，尽情地玩儿、吃草莓，每天除了睡觉什么也不做。

可皮埃尔非常忙碌，有许多工作要做。他不明白玛丽为什么如此想度假——她太像一个小女孩儿了，毫无做科学研究的样子。皮埃尔告诉玛丽，他们必须投身于科学，她照他说的做了。她总是听他的。可玛丽太累了，累得甚至想要放弃自己刚出生的孩子艾芙。“可怜的小家伙儿，”她说，“你必须要面对艰苦的人生。”人们对她的追捧使她失去了欢乐，不愿意继续坚持下去，甚至让她忘记了儿时的欢乐，这是多么残忍啊。

但艾芙的降生是一件好事儿。玛丽喜爱刚出生的婴儿，她需要一个月的假期来照顾这个刚出生的孩子。与艾琳不同，艾芙有着黑色的头发和蓝色的眼睛，而艾琳的头发是金色的，眼睛是淡褐色的。艾芙不愿躺在摇篮里，她总是使劲儿哭闹，玛丽就会细心地将把她抱在怀里，直到她睡着。

就在艾芙出生之前，巴黎大学赋予了玛丽一项特殊的权利——在皮埃尔的实验室里工作。其实她一直都在那儿工作，巴黎大学突然意识到他们应该委任玛丽一个职位——居里先生实验室的“实验组织者”，来帮助玛丽更好地开展工作，这样她每年可以领到 96 英镑的薪水。巴黎大学认识到居里夫妇总是一起工作，这一点也是其他人早就看到的。居里夫妇分享着一切——他们所有的时间、想法和工作，就像一个快乐的整体。

在 1905 年 6 月，皮埃尔和玛丽来到了美丽的斯德哥尔摩。在那儿，皮埃尔以他们夫妇的名义做了诺贝尔奖的演说。瑞典由湖泊和海湾构成，周围有一块陆地，皮埃尔认为那儿非常迷人。皮埃尔和玛丽享受着那里远离人群的平静，享受着那里的空旷，也享受着人们的谦恭，在那儿没有人给他们压力。

有时玛丽会和一些陌生人交朋友。有一位名叫洛伊·福勒的美国芭蕾舞演员，她会用特异的灯光使自己的舞姿更加优美。她曾经给玛丽写信，问玛丽如何借助镭点亮自己的蝴蝶翅膀。这一新奇的想法把皮埃尔和玛丽逗笑了。但他们还是给洛伊·福勒回信，一点一点儿给她解释镭这一奇怪的物质。洛伊·福勒回信说，能感谢你们夫妇只有一个办法——就是到你们家中给你们跳舞。居里夫妇接受了她的谢意，尽管这有点不寻常。一天，这个看上去有点儿奇怪的女孩子出现在了他们的门前。她有着婴儿般的蓝色眼睛，身后还跟了一群电工师。那天，电工师们忙了一整天。傍晚时刻，居里家的餐厅奇光异彩，宛如仙境。洛伊·福勒翩翩起舞，一会儿把自己化为一团火焰，一会儿又宛如一朵鲜花，时而是一只鸟儿，时而又变成了女巫。

这位娇小的音乐厅舞者和居里一家成了好朋友，并把他们介绍给自己的朋友罗丹——一位伟大的雕塑家。就在罗丹的工作室里，科学家、雕塑家和舞蹈家曾坐在一堆堆的铸件和大理石之间彻夜长谈。

1906 年 4 月，法国艳阳高照，紫罗兰把谢夫勒斯的山谷点缀成了紫色和白色，到处弥漫着花的香气。居里夫妇带着艾琳和艾芙在度假。晚上，他们从农场带回了牛奶；艾芙在干了的车辙间蹒跚学步，她的样子让人忍俊不禁。清晨，皮埃尔和玛丽骑着自行车穿过丛林，一路采摘着花朵。他们又去了度蜜月时去过的那个池塘。池塘已经干涸，睡莲也消失了，泥泞中长满了开着黄花的芦苇，就像戴了一个美丽的冠冕。玛丽和皮埃尔沿着低地小巷一路散步回家，沿途采摘着紫罗兰和粉蓝色的长春花。

一天中午，他们躺在阳光下编织着美丽的梦，而艾琳在用绿色的网捕捉着蝴蝶，不时向他们高兴地大喊。

“玛丽，与你相依，生活是那么甜蜜。”皮埃尔小声说。

晚饭后，皮埃尔乘火车回巴黎开始工作，随身带着他们在池塘摘的花毛茛。玛丽和孩子们第二天回到巴黎。4 月份的巴黎，街道又湿又冷。1906 年 4 月 19 日，也就是玛丽带着孩子回到家的第二天，外面下着雨，道路泥泞，阴霾四布。皮埃尔要去市区处理几件事；度假回来后玛丽要收拾房子，还有其他几件事要处理。一整天她都跑这儿跑那儿，很忙碌，也很高兴。晚上六点，她高兴地回到家，渴望见到皮埃尔，渴望与他一起做着科学研究来度过又一个愉快的夜晚。

她打开客厅的门，只见三个男人一起站起来，态度十分恭敬。就那么站在那里，好像玛丽是女王一般。可从那三个人眼中，玛丽也看到了一丝可怕的遗憾。玛丽以前的老师保罗·阿佩尔告诉她，皮埃尔在街上滑倒了，一辆很重的马车从他头上轧过去了。

“皮埃尔死了吗？……他死了？他真的死了吗？”她说。

艾芙长大后告诉我们，在她撰写母亲伟大一生的传记中，“皮埃尔死了”这几个字一传到她的意识中，立刻就有一种孤寂和内心深处的隐痛笼罩在她心头，永远摆脱不掉。从那天起，她成了一个孤独可怜的女人。

第十五章

无论发生什么……

玛丽生来就有非凡的勇气。她一生经历了各种事情，这使她越来越敢于直面惨淡的人生，而此时她非凡的勇气更是她的支柱。更重要的是，她非常爱皮埃尔——这个伟大的男人。一次，在他们谈到死亡时，丈夫告诉过她，即使她的世界完全坍塌，她也要牢记并亲身实践这句话：“无论发生什么，即使一个人成了没有灵魂的躯体，他还是应该照常工作。”幸运的是，玛丽必须继续工作。她拒绝了政府给她的抚恤金，她说自己还年轻，她要自己赚钱养活孩子。

她找到了一种特殊的方法安慰自己——她每天记日记，这就像和皮埃尔在谈话一样。这让我们觉得她更加可敬：

亲爱的皮埃尔，我被任命代替你的职位，继续讲你的课程，并继续领导你的实验室，我接受了。我不知道这是好事儿还是坏事儿。你曾经告诉过我，你想让我在索尔本大学教授一门课程。而我至少愿意努力继续你的工作。有时候我似乎觉得，这样我比较容易活下去，而有时候我似乎觉得，我承担这个工作简直是太傻了。

1906 年 5 月 7 日

我的皮埃尔，我一直在思念你，头脑中都是你挥之不去的影子。我不明白为什么你要离开我，我再也无法对着亲爱的你笑了。你知道吗，两天来，树上已长出新叶，花园也变得非常美丽。今天早晨我看着孩子们在里面玩耍，如果你还活着，你看了也会觉得她们是如此美丽，你还会叫我去看那已经盛开的长春花和水仙花……

5 月 14 日

索尔本大学任命我接替你做物理学会主席，有人还愚蠢到为此而祝贺我。

那时的玛丽其实非常伤心，没有计较他们愚蠢的行为。

在索尔本大学，从未有女性获得过大学教席的荣誉，也就是说从未有女性成为任何一门课程的教学主管人员。可在法国没有任何男人能胜任皮埃尔的工作，只有玛丽能够做到。她是在世的科学家中唯一具有这样天赋的女科学家。她觉得她讲的课必须体现皮埃尔的价值，因此她把孩子送到了乡下，一整个儿夏天都在研究皮埃尔的课题，研究他的笔记。

玛丽需要另找一所房子。她决定住在索镇[1]，那是皮埃尔长眠的地方。孩子们的爷爷对此有点儿担心。他在想，如果玛丽搬到小一点儿的房子里住，是不是说明她不想和自己住在一起了。可是他应该如何来问玛丽这个问题呢？玛丽也在担心，皮埃尔去世了，老人会不会还愿意与儿媳妇住在一起。老人解决了这个难题，说道："既然皮埃尔不在了，玛丽，你没有理由再和一个老人住在一起了。我可以去和我的大儿子一起住。你来决定吧。"

"不，还得由您来定，"玛丽小声说，"如果您离开，我会伤心的。但您还是要自己做出选择。"

"玛丽，我愿意永远留在你这里。"

① 法国南部城镇，皮埃尔母亲的出生地，并葬于此地。

但出门上课的日子终于来了，她终将去面对外面的世界。在外面，人们对她小心翼翼、心怀敬意；她虽然是一个寡妇，却声名煊赫、催人奋进。她知道报纸媒体请索尔本改变规定，让玛丽在阶梯教室中讲课，从而让成千上万的人能够听到第一个在索尔本讲课的女人的声音。她知道索尔本是世界上最保守的地方之一，它的规定不可能改变。她听说那些赶时髦的人在讨论她会说些什么，会怎样感谢自己的丈夫，怎样向部长、向学校致谢。这是毫无疑问的，发言时习惯是先称颂前任。就职演说那天，所有人就像猛禽一样虎视眈眈地等在那里，期盼玛丽表达感激，甚至想看到她激动得泣不成声。那个小阶梯教室里挤满了人，甚至把学生从座位上挤走了。

在震耳欲聋的掌声中，玛丽快速进入了教室。掌声平静下来后，她就从皮埃尔未完成的地方开始讲授高级物理学："回顾过去十年我们在物理学方面取得的进步，我们不得不对电和物质方面的新思想表示惊叹……"

听众震惊了，可令他们震惊的并不是电，而是其他东西。他们本以为能看到一场表演，但根本不是如此，而是一个关心工作比自己更多的人，一个真诚的人。他们被感动了，眼中充满了泪水。玛丽阐述了电的结构、原子蜕变和放射物质的新学说。讲课结束时，她只向学生说了再见，接着就很快离开了教室，就像进来时那样迅速。

如果说她以前的工作艰难，那么现在的工作就变得更难了。她还要想着如何教育两个孩子。她要在实验室做研究，还要在索尔本教课。她要照料家庭还要照看花园，更重要的是她自己有一件特殊的事情要做，那就是她要想尽一切办法以皮埃尔的名义建造一所设备齐全的实验室——这是皮埃尔的梦想。

艾芙、艾琳和蓝眼睛的爷爷在索镇的新家里玩耍。爷爷教艾琳学习植物学、自然历史和诗歌，还帮她挖了一小块地，种上一些花，建了自己的花园。艾芙与草丛中可爱的乌龟交上了朋友，有时也和黑猫或虎斑猫玩耍。

玛丽大清早就行色匆匆，去赶开往巴黎的火车，直到晚上灯光亮起时才回到家。孩子们几乎见不到母亲，可玛丽还是帮孩子们计划好一天该怎样度过。她们早上必须学习一小时。艾琳喜欢数学而艾芙喜欢音乐。学习之后，不管天气怎样，她们要出去散一会儿步，然后去体操房，她们喜欢去那里。她们要学习烹饪、雕塑、缝纫和园艺，周末或假期玛丽还会陪她们一起去骑自行车或游泳。她想让孩子们变得坚强而无所畏惧。她不允许她们惧怕黑暗，不允许她们害怕爬山或骑车，也不允许她们害怕动物或其他东西。她们要变得勇敢，要像真正的法国人。她也教孩子们学习波兰语，尽管她不愿让她们受心悬两国之苦，不愿她们为一个受压迫的民族而悲痛！可玛丽没有教孩子们如何向陌生人问好，如何在聚会上光彩熠熠、魅力无限。在这些方面，她们没做过任何练习。

玛丽不想让孩子们学习得过于劳累。在法国，学校的学习时间很长，有时在校学习六小时后，回家还要做三小时的家庭作业。玛丽与学院里的朋友经常讨论这件事，并决定把他们的孩子集合到一起由他们自己来教授。这个想法简直好极了。那些幸运的孩子一天只上一节课，并且是由法国最著名的专家来上。孩子们在索尔本实验室上的第一节课是让·佩林[①]教授的化学课。“索尔本的建筑还没有被炸毁，”报纸报道说，“我们还有希望！”第二天

① 让·佩林（1870—1942），法国物理学家，他证实了爱因斯坦的看法，从而证实了物质的原子性质。由于这一成就，他在1926年获得了诺贝尔物理学奖。

他们去了农村，跟随保罗·郎之万[①]学习数学。又一天，马格鲁[②]教他们学习雕塑。再有一天，他们师从一位现代语言文学教授。星期四下午，他们去物理学院跟玛丽学习。多么幸运的一群小家伙儿！

在素以严谨著称的索尔本，以前从未有过如此简单的课程。一些蘸了墨水的自行车滚珠被扔在倾斜的平面上，画出抛物线，这样证明物体下落定律。有时玛丽会问他们一些简单的问题，例如："你们怎么保持这个容器里液体的热度？"

"把它包在羊毛里。"一个小孩说。

"把它隔离开。"另一个建议道。

"我，"玛丽笑着说，"会先用一个盖子把容器盖上。"

可是父母们要赚钱养家，他们没有很多时间给孩子们上这些有趣的课。后来课停了，艾芙和艾琳去了一所上课时间不是很多

① 郎之万（1872—1946），皮埃尔生前的学生，也是一位出色的物理学家，对次级 X 光、气体中离子的性质、气体分子动理论、磁性理论以及相对论等领域研究颇深。1909 年任法兰西学院教授，1934 年当选为法兰西科学院院士。1931 年保罗·郎之万被国际联盟派往中国考察两年，在他的帮助下，成立第一个中国物理学会。他坚决反对法西斯，反对侵略，在第二次世界大战期间，曾被德国占领军逮捕入狱，和法西斯进行了严正的斗争。中国"九一八"事变后，他进行了各种声援中国的活动，并批评了国际联盟对日本侵略者的纵容。郎之万在老师皮埃尔·居里去世多年后，与居里夫人过从甚密，在 1911 年当时的巴黎闹得沸沸扬扬。爱因斯坦在 1911 年 11 月 23 日给居里夫人写了封信，以表安慰。他对这件事的看法是："如果他们相爱，谁也管不着。"

② 马格鲁（1869—1945），法国著名雕塑家。

的学校。后来，她们谈到早期的学习生活时说，那些课程教会了她们去热爱自己的工作，告诉她们要淡泊名利，还要学会独立，她们有信心在遇到困难时靠自己坚强地走出来。

在实验室里，玛丽里取得了很多成功，并且有一个伟大的成就：直到那时，她只发现了镭盐。而一次偶然的机会，她和安德烈·德比埃纳成功地制造了金属镭，可他们只成功了这一次。此后，他们再也没有成功过，其他人也是如此。

1911 年，玛丽获得了诺贝尔化学奖。在她之前，从未有人两次获得过诺贝尔奖。

玛丽作为一个科学家，全世界都应该为她而骄傲，作为一个不幸的女人，全世界也应该会善待她。可这种想法只是一厢情愿，不幸的是，现实并非如此：某些人听说别人非常成功或是异常美丽，就会得一种怪病，这种病会让人变得十分残忍。而玛丽既漂亮又成功，于是有人写她的匿名信，信中全是一些关于她离奇不经的谎话，说她做了一些丑事，而这些事她根本从未想过。她的朋友尽全力去保护她，可是要与那些藏在暗处的敌人斗争是非常困难的。他们觉得最好的办法就是科学院公开授予她院士称号。这是她该得的，可在她之前从没有女人成为科学院院士。造谣者开始加倍阻挠竞选。他们甚至想方设法把一张假选票给了玛丽一位双目失明的朋友，造成一种连失明的人都反对她的假象。科学院就因这一张选票而拒绝授予玛丽院士的称号，这不是玛丽的耻辱，而是整个法国科学院永远的耻辱。

对于那些关于她的不经之谈，玛丽感到非常难过。有一段时间她甚至不得不用姐姐的名字来摆脱敌人的攻击。她像白昼一样光明磊落，但躲在阴暗角落里的敌人还是会毫不犹豫地将她击倒。敌人的攻击几乎使她勇气尽失。她病得很重，痛苦万分。医生说要解除病痛必须要做手术，可是玛丽告诉他们，手术要等到她参加完下一届物理大会。她依然无比坚毅。

她太累了，不想做任何思考，可是就在病中，她还是需要做出一个重大决定：那时波兰决定在华沙建造一个放射学实验室，他们邀请玛丽来主持该实验室。她多么渴望接受这个邀请啊，这是多么重要的邀请！波兰方面告诉她，国家需要她，因为国家江河日下，国人正日益失去信心，需要有人重振国威，让国人恢复自信。

但是很多年前玛丽就做出了决定，虽然她热爱波兰，可她更爱皮埃尔·居里。她现在仍然更爱皮埃尔，波兰和皮埃尔就像两股相反的力量牵制着她。如果她投身波兰，就要放弃为皮埃尔建立实验室的梦想，而她不在法国，皮埃尔的梦想是不可能实现的。她伤心地拒绝了波兰的邀请。

可波兰方面依然坚持，即使她身在远方，也能指导实验室工作，并邀请她出席新大楼的奠基仪式。在她访问波兰期间，发生了很多令人激动的事儿。首先，她用波兰语做了一次科学演讲，这是她有生以来第一次用母语做科学演讲。其次，她出席了博物馆的一个盛大仪式，那个博物馆正是她第一次做物理实验的地方。第三，在波兰妇女专门为她举行的宴会上，她见到了自己小学的老校长。玛丽快速穿过人群，走向这位老妇人，并亲吻了她的双颊。看到自己的“曾经的小姑娘”当之无愧成为最著名的女性，老校长激动万分！

玛丽终于可以休假了，她要背上帆布旅行包和孩子们一起去瑞士远足，教她们如何跋山涉水，漫步于冰川之间。

跟他们同行的还有一位朋友，可以沿途照看孩子。可他和玛丽狂热地谈论物理问题，反而是孩子们必须看好他，以防他掉进冰川之间的裂缝中。两个孩子惊奇地听着他与妈妈说的那些古怪的事儿，时而大笑，以至于最终大家都不太注意冰川之间的裂缝了。

“你看，夫人，”她们听到他说，“我想知道：如果升降梯在真空中降落，里面的乘客会怎样呢？”这个问题听上去很简单，可艾芙和艾琳觉得它很有趣。她们没有想到，她们听到的这个让人难以理解的问题被称为“相对论”，这位粗心的朋友不是别人，正是伟大的爱因斯坦[①]。

那段时间，玛丽的心情又渐渐地好了起来，因为皮埃尔·居里街上正建造着皮埃尔的镭研究院。巴斯德研究院的主持人鲁博士在两年之前就开始为居里夫人的实验室筹集资本，这使索尔本大学意识到巴斯德研究所想要把居里夫人抢走，为阻止这一灾难的发生，他们决定与巴斯德研究所共同给居里夫人建造新的实验室。

玛丽高兴极了。她帮忙出谋划策，和建筑师探讨新大楼的房间和窗户式样，她坚持要很大的窗户，这样可以有充足的光线。她还要在大楼外面建一个花园，并在开工之前亲手种一些树和玫瑰，这样在大楼启用那天花园里就是一片郁郁葱葱了。

1914 年 7 月，她看到了门前石碑上的字：

镭研究院居里楼

① 爱因斯坦（1879—1955），现代物理学家，提出光子假设，成功解释了光电效应（因此获得 1921 年诺贝尔物理学奖）；同年创立狭义相对论，1915 年创立广义相对论。爱因斯坦的理论为核能的开发奠定了理论基础。为帮助对抗纳粹，他曾致信美国总统富兰克林·罗斯福，直接促成了美国开发原子弹的曼哈顿计划，而“二战”后他积极倡导和平，反对使用核武器，并于 1955 年签署了《罗素—爱因斯坦宣言》。爱因斯坦开创了现代科学技术新纪元，被公认为是继伽利略、牛顿之后最伟大的物理学家。

她告诉我们，她想起了巴斯德的话：

如果你真的关注对人类有益的那些成功和发现……如果你真的爱惜你国家的名誉，希望你的国家在这些奇异事物的进展中能够声明“我国为此做了贡献”，我恳求你注意这种神圣的建筑，人们给了它们一个很有表现力的名字——实验室。你必须要求人们增加实验室，要求人们装饰实验室。它们是前途、财富和福利的根源。人类在里面成长、壮大并且进步。在那里人们研习各类自然科学，这关乎人类的进步、宇宙的和谐，而人类自己是野蛮的，也是极富破坏性的。

玛丽·居里也是这么想的，1914 年 7 月，看着已建造完备的皮埃尔镭研究院，她又记起了巴斯德的这段话。新的实验室大楼建好了，而玛丽必须要等四年，等四年的战争结束后，她才能看到实验室展开工作，才能看到皮埃尔的梦想变为现实。

第十六章

战争

1914年8月1日

亲爱的艾琳和艾芙：

大局似乎日趋险恶，我们随时等着动员令——我不知道我能否动身，你们不要慌乱，应该镇静勇敢。要是战争[1]不爆发，星期一我就去找你们；要是战争爆发，我就留在这里，尽快设法接你们回来。艾琳，我们必须成为对国家有用的人。

① 指第一次世界大战（1914年8月—1918年11月），简称“一战”，是一场主要发生在欧洲但波及全世界的世界大战，当时世界上的大多数国家都卷入了这场战争。

8月2日

全国总动员开始了。德国尚未宣战就对法国开战了。会有一段时间通信困难。

尽管所有男人都去前线作战了，到处是离别的悲哀，但巴黎依然平静，并且秩序井然。

8月6日

英勇的小国比利时没有妥协，他们拼尽了最后的一枪一弹。尽管战争十分艰苦，但法国人信心十足，相信最终会赢得胜利。

波兰已被德国占领，战后波兰还能剩下什么？我的家人杳无音信。

玛丽就是这样给孩子们写信的，那时孩子们正在布列塔尼度假。

在巴黎，玛丽非常孤独。她的同事都去前线战斗了，留下的只有一位机械师，因为心脏有疾病而无法参战。玛丽身体虚弱多病，可她从未考虑过这些。战争的巨大灾难让她的研究工作根本无法继续进行，她也无暇顾及。她没有像大多数法国女子一样去当护士。正如她的一贯作风，她的反应迅速而激烈：哪个地方需要她的工作？阵地医院和后方医院几乎没都有 X 光装置，这是一种新奇的设备，利用它，外科医生可以透过伤员的肉体看到身体深处的子弹或是碎片。玛丽的工作从未涉及 X 光；她以前只是对此比较感兴趣，也上过几节课。这无所谓。她会全力以赴，迅速建立一个 X 光站。她仅仅花了几个小时就找出了巴黎可以利用的 X 光设备，并把它们分配到各家医院。然后她召集了所有会用或愿意用这些设备的科学家，也把他们分配到各个医院。就这样，巴黎各家医院都逐渐准备就绪。

可救护车每天运送成千上万的伤员涌入战地医院，而战地医院没有 X 光设备，该怎样救治这些伤员呢？玛丽没有迟疑。时间就是一切。她从法国妇女联合会得了资金援助，制造了第一辆“X 光汽车”。这是一辆普通的汽车，用发动机带动发电机运行，给 X 光机供电，发出 X 光。这台流动的 X 光汽车在马恩省的医院间流动。战争期间的马恩省满目疮痍，可它依旧美丽。在这辆汽车的帮助下，伤员得到快速诊断，并接受了安全的手术。许许多多的伤员得到了救治，要是没有 X 光，他们可能就牺牲了。

马恩战役[1]之前，德国人就在巴黎之外几公里处开战了。他们会打通通道吗？他们会占领巴黎吗？玛丽应该做些什么？她的孩子们还孤独地留在布列塔尼。她应该去找她们吗？还是应该随医疗队撤出巴黎？不，不论发生什么，她要留在巴黎，正如她写的那样："如果我坚守皮埃尔·居里实验室，德国军队或许不敢抢夺它。可如果我离开，它肯定会被洗劫一空。"固执而有毅力的玛丽痛恨任何一丝逃跑的想法。惧怕本身就是在帮助敌人。她决不允许敌人占领被遗弃的皮埃尔·居里研究院，因为那可能会让敌人洋洋得意！玛丽不会离开巴黎，但她那珍贵的一克镭必须运出巴黎，可除了自己，玛丽找不到别人能护送这一克镭出城。

她穿上黑色驼羊风衣，收拾好她晚上用的东西，拿了一个很沉的铅皮匣子，搭乘了开往波尔多[2]的火车。在拥挤的火车里，玛丽蜷缩在木凳上，脚边放着她的镭。九月初的天空骄阳似火，她望着窗外的田野，望着路上挤满了一辆辆往西逃亡的汽车和马车。

在波尔多——这个位于遥远西海岸的地方，玛丽在月台上站

① 也译马恩河战役，是第一次世界大战西部战线的一次关键性战役，发生在1914年9月，英法联军合力勉强打败了德国的军队，阻止了德军的进攻。

② 法国西南部城市，位于加龙河下游，出海即大西洋比斯开湾。

了几个小时，那个匣子一直放在她的脚边。对于一个女人来说，那个铅皮匣子重得几乎提不动，可对玛丽来说它是无价之宝，绝不能离开她的视线。没有人帮她搬行李，没有计程车可以乘坐，也没有房间让她睡觉。她面带微笑，心想自己是不是整夜都要这样站着。最后，一位过路人救了她，给她找到了睡觉的地方，帮她把镭安全地存在一家银行里。

第二天清晨她回到了巴黎。前一天夜里，她还是寻求安全的人群中一个不起眼的路人，而第二天清晨，她又成了万众瞩目的焦点，人们争相来看她，“那个女人又回来了”。这说明巴黎是安全的，巴黎不会沦陷，巴黎的市民也就没有危险了。玛丽的确回来了，可她饥肠辘辘。从前一晚开始就没吃东西，她乘坐的那列军车要么就惬意地停靠在田野里，要么就摇摇晃晃地向巴黎缓慢地“爬行”。一位好心的士兵从自己的干粮袋里拿给她一小块面包，她高兴地吃了。巴黎正面临威胁，她回到可爱的巴黎时，传来一个好消息，那就是敌人被困在了马恩省。

玛丽一刻也没有休息，她飞奔到“国家救援协会”总部，看接下来自己应该做些什么。

“躺下休息会儿吧，女士！”阿佩尔主席大声说，“躺下休息吧。”她照做了，可仅仅是在讨论将来的工作时躺了一会儿而已。

“她脸色苍白，眼睛睁得很大，就像一团炽热的火焰。”阿佩尔说。

后来有了转折，出现了很多“小居里”——居里夫人研制的小型X光汽车流动站。玛丽的两个孩子还在布列塔尼，但在巴黎士兵眼中，她也是X光汽车的母亲，这种小型X光流动站很快遍布各地，投入到了救治前线伤员的工作之中。在实验室里，玛丽一辆一辆把X光汽车装好，还从政府强行征用了一些必需品，尽管那些官员老大不情愿。她曾经十分腼腆，可为了装配更多的“小居里”来救治伤员，玛丽无所畏惧。她从一个人那里得到“通行证”，从另一个人那儿得到“密码”，从其他的人那儿得到签证——她还从富人手中要钱，从好心人那儿征用摩托车——“我会还的，”她说，“如果战争结束后还能用的话，我一定会还的。”

她留了一辆很大的雷诺汽车给自己，这辆车更像一辆货车。坐在这辆车上，她开始了冒险家的生活。

在巴黎，家里的电话响了。她得知一个护送伤员的大车队急需X光设备。她把车体漆成了灰色，并在车身上画了一个大红十字；她仔细检查了设备；在军队的司机加油时，她穿好了她的深色大衣，戴上红十字袖章和她那已褪色的柔软圆帽，上车坐在司机旁边，身上背着被太阳晒得裂了几处的黄色旧皮包。不论风吹日晒、白天晚上，哪怕是在没有路灯的漆黑夜晚，这辆破车始终全速前进，向阿美恩斯、伊伯拉斯和凡尔登这些战争最激烈的地方开去。

哨兵拦下他们，询问之后让他们通过。雷诺汽车到达战地医院。居里夫人很快选定一间屋子做 X 光室，她把那些匣子搬进去，迅速把各种仪器接到一起，其他人展开电线，把仪器和车里的发动机连接起来。司机把汽车发动起来，玛丽调节电流强度。她把防护手套、眼镜、作记号用的特制铅笔、确定子弹位置的铅丝等东西放在手边；如果有窗帘，她就会拉下窗帘使房间变暗，如果没有窗帘，她就用床单来代替。同时，她准备好另一间暗室来做拍摄之用。

半小时后，包括外科医生在内的一切准备就绪。不断有担架抬来伤员，他们极度痛苦。玛丽调节仪器对准受伤部位；医生这样就可以查勘伤员的骨头或器官里的子弹碎片到底在哪里了。

有时助手按医生的口述记下弹片的位置，为接下来的手术做好准备。有时医生现场就可以手术，用钳子刺入伤口，绕过肌肉和骨骼，取出弹片。

就在这样的忙碌中，几小时过去了，几天也过去了。只要有伤员，玛丽就会一直待在暗室里。离开医院之前，她已经计划好在医院里建立一个固定的 X 光透视中心。为了实现这个计划，她四处寻找。几天后，她带回了新设备，并带回了一位放射治疗师，谁也不知玛丽是怎么办到的。

就这样，玛丽装了二十辆 X 光汽车，在各家医院建立了二百多个 X 光室，救治伤员总数达一百多万。一个女人做了这么多工作，实在是很了不起。

我们千万不要以为，她上车时总是有衣着华贵的司机坐在她旁边开车，而她自己则优哉游哉，风吹不着，雨淋不着，现实情况绝非如此。车行驶在被各种碎片覆盖的路上，要是车轮没被扎两三个洞，她就很庆幸了。在战争弥漫的硝烟中，在寒冷潮湿的天气里，她用那双纤细的、被镭腐蚀的双手更换过无数轮胎。清洗自己并不太熟悉的汽化器时，她会皱起眉头，就像在做科学实验似的。所有男人去前线作战时，她会做搬运工的活儿，去搬一些重物。

有一次她生气了！司机开车时拐弯太快，车翻进了沟里，玛丽被埋在了一堆匣子下。玛丽在意的并不是翻车和个人安危，她生气的原因是——这样会损坏那些精密仪器。可当她看到到司机围着翻了的汽车一圈一圈找她，不停问：“夫人，你还活着吗？夫人，你还活着吗？”她又忍不住笑了。

有时她会忘记吃早饭或是晚饭。她不在乎在什么地方睡觉

——有床就在床上睡，没床就露天睡。童年时她曾饱受生活之苦，现在她也自然而然地让自己成为这场伟大战争中的一名战士。

可战地工作并不是玛丽唯一要做的事儿。一有空，她就把旧实验室里的工具打包搬到皮埃尔·居里的新实验室。在新实验室里，她把工具放好，布置了一个新的科学之家。她回到波尔多取回她的那一克镭，每周都把提炼出的放射物放到试管里，然后送到各家医院。

随着X光工作的增加，医院需要更多的放射治疗师。在崭新的镭物质研究所里，玛丽教授并训练一些人如何使用X光。其中有些人愚笨难教，但玛丽耐心地鼓励和帮助他们，直到他们能胜任这项需要细心的工作。在此期间，艾琳给了她很大的帮助，她在索尔本学习过放射学。虽然艾琳那时只有17岁，年龄太小，还不适合在医院工作，可艾琳工作时玛丽却一点儿也没有这种感觉。

两年时间里，她们一共训练了150个放射科医护人员。

玛丽觉得这还不够，她还去比利时各家医院提供帮助。在那儿，医院里没人认识她，那些时髦的护士看她衣着破旧，误以为她是清洁工，对她也没什么礼貌。可玛丽并不介意，想到大家都是在为国家出力，她很释然。有些农民很无知，害怕这些奇怪的仪器，她常常耐心地给他们解释，这些设备就像照相机一样，根本不会伤害他们。这时她的心情又会好起来。

她从不谈论自己，再苦再累嘴上也不说，而且不惧怕任何枪林弹雨。她日复一日地工作，好像这些工作就是世界上再自然不过的事情。

她渴望和平，渴望残酷的战争快点儿结束！1918 年 11 月 11 日，在实验室里她听到了标志着停战的炮声，这让她惊喜万分。这一天对她来说是最高兴的一天，全世界人民莫不如此。她和助手玛尼娅·克莱恩马上跑到街上买法国国旗，想让研究院也一起加入到举国欢庆当中。可法国国旗卖光了！她们用三种颜色的长条布亲手缝制了一面法国国旗。[①] 后来，玛丽开着她的旧雷诺车上街加入了狂欢的人群。游行很疯狂，有十个“不速之客”跳上了汽车的挡泥板，爬上车顶狂欢，而玛丽也高兴异常，根本无暇顾及这一切。

谁又能想到，喜讯竟然能够接踵而来呢？

法国从巨大的恐惧中解脱，波兰也是如此，这对玛丽来说简直是天大的喜讯，而且是双喜临门。波兰最终获得了自由和独立。她给哥哥的信中这样说：

① 法国国旗由三个竖立的长方形构成，从左向右分别为蓝、白、红三色。

“在奴役中诞生，在禁锢中生存的我们，已经看见我们的国家复活了。”

第十七章

在家里

玛丽又可以回家了，那是塞纳河码头旁边的一所旧式公寓。塞纳河有两座岛屿位于巴黎市中心：一座是城市之岛——巴黎最古老的一部分，形状像一艘船。这里有着许多色调深沉而美丽的著名建筑；另一个是圣路易斯岛，这也是一个古老的地方，但比较荒凉。玛丽住在圣路易斯岛的白杜纳码头。两个世纪以前，白杜纳街上住的是一些公爵和在法院工作的人。玛丽的公寓是一个可以漫步的地方，那儿有许多走廊和楼梯。她的家地势很高，房间很大，可里面没什么家具。她从来都不知道如何使自己变得富有，如何享受周围的乐趣。家里空空的，地板被打磨得很光滑，放着仅有的几件红木家具。屋里冰冷刺骨，玛丽和艾琳冻得瑟瑟发抖，也就无暇顾及屋里的空空荡荡。而艾芙却用零用钱把自己的大房间布置得温馨雅致。书房很漂亮，里面放着几排简朴的书架、一张皮埃尔的画像和一瓶花。所有房间的玻璃都很高，没有窗帘遮挡，因此光线充足。窗外风景如画，阳光明媚，辽阔的塞纳河上飘着几只忙碌的小船，还有多彩的大船。远方，巴黎圣母院[①]隐约可见。

小岛人迹罕至，静悄悄的，玛丽十分喜欢。而事实上，这儿并不安静，艾芙会连续弹几个小时的钢琴，走廊上的猫喵喵乱叫，门铃也响个不停，空荡荡的屋里不时传来电话铃声，塞纳河上也会传来拖轮发出的沙哑的汽笛声，可玛丽并不介意。

每天早上八点钟，玛丽那欢快而富有活力的脚步声似乎在告诉艾琳和艾芙，忙碌的一天开始了。在以后的十六年里，每一天都是这样度过：早上八点四十五，汽车鸣笛三声，玛丽就知道车在门口等她。她会快速拿起帽子和外套跑下楼去，三分钟之内上车，她不想让司机久等。司机送她去研究院后，她就开始了忙碌的一天。后来玛丽有了专职司机接送，前一个司机为此哭了很久。

① 正式名称是巴黎圣母主教座堂，兴建于1163年，是一座位于塞纳河畔、巴黎市中心、西堤岛上的哥特式基督教教堂建筑，是天主教巴黎总教区的主教座堂。它的地位、历史价值无与伦比，是世界历史上最为辉煌的建筑之一。

她坐车经过图尔内勒桥，穿过繁忙的码头，最后到了拉丁区。众所周知，这儿一直住着一些学生，他们自由不羁而又快快乐乐，一文不名却又高高兴兴。如今，这儿矗立着大学研究所和一些高大的建筑。

走到皮埃尔·居里街上，也就站在了镭研究院的门口。大厅里有很多人。每天早上都是如此，玛丽称之为苏维埃[①]。玛丽的那些来自不同系部的学生说，他们总想在玛丽工作之前和她讨论问题，这样就不会浪费她的时间。他们有特殊的问题问她，或是给她看一些东西；或者，他们希望玛丽一夜沉思就能解决他们的问题。事实也经常如此。“哦，某某先生，你的解决方法行不通，我有一个主意……”玛丽解决了一个又一个的难题，来找她的人越来越多了，每个人都带来了自己的难题。玛丽似乎并不介意人们让她做什么样的脑力运动。人们用并不流利的法语或英语向她提问，这无疑增加了问题的难度。玛丽的研究院就是一座通天的巴比伦塔[②]，那儿汇集了东西方各种语言。玛丽讲了一个故事，她的

① 即工农兵代表会议，一种无产阶级专政的政权形式，这里借指来自各地的人聚到一起。

②《圣经》里所描述的古代巴比伦未建成的通天塔，因上帝制造语言混乱，使各国人民不便合作，因而塔未建成。这里喻指镭研究院的学生们来自世界各地，民族不一、语言不同。

一个中国学生[①]用英语和她谈话。“这个学生非常有礼貌，甚至即使我错了，他也会同意我的观点。可这样的话，我就必须费尽心思去猜测这个学生的真实想法。”玛丽说过，面对这个来自东方的学生，她对自己的礼仪有点儿不好意思了。“他们比我们更加文明。”

讨论有时似乎没完没了，玛丽会一直坐在那儿听，有时没有椅子，她只能坐在楼梯上。玛丽蹲坐在最矮的第一阶楼梯上，教那些站立在她面前的高大学生，那是怎样一幅画面啊！她是实验室负责人，看过德、俄、法、波、英五种语言的关于镭的所有书籍，并且依然还在发明着新技术——她工作时似乎有某种魔力，学生可以完全信赖她。在科学探索中，她既勇敢又谨慎。

学生们一个个去做自己的实验了。如果他们想向玛丽展示什么的话，他们就会叫上玛丽一起。最终，玛丽才有时间去自己的实验室做研究工作。

中午，她步行回家吃午饭，可在餐桌前她仍与艾琳讨论着物理问题。艾芙有时觉得自己根本不知她们在谈些什么。

---

①这里指的是居里夫人为中国培养的唯一的物理学博士——施士元（1908—2007）。他于1929—1933年在镭研究院师从居里夫人，获得博士学位后，婉言谢绝了居里夫人的挽留，回国开辟中国的核物理事业，为我国培养了大批人才，并第一次提出了“原始粒子”的猜想。

1926年，艾琳和一位叫作约里奥[①]的年轻有为的科学家结婚了。从此就没人陪艾芙说话了，艾芙只得经常自言自语。

“亲爱的，你又在自言自语。”玛丽跟艾芙说。艾芙会和母亲说任何事儿，因为任何事都可以让她兴致盎然，尤其是那些天真幼稚的事儿。她经常会问妈妈“他们到底在干吗？”而玛丽喜欢听艾芙讲她开车有多快，艾琳的孩子开始学说话时，玛丽又想听孩子说了些什么，或者听听人们对新法西斯的看法。

如果玛丽听到有人赞扬独裁者，她就会说：“我曾在独裁压迫的制度下生活过，你们没有这种经历，体会不到生活在自由国家里的幸福。”如果有人赞成政府暴力镇压革命，她会说：“把拉瓦锡[②]送上断头台难道是有用的吗？你们永远无法让我信服这一点。”

吃过午饭，她可能会坐车去花市买一些花园里常见的花，或者去采一些野花，因为她不喜欢漂亮的温室花朵。有时，她会和一个很重要的人在卢森堡花园里约见，这个人就是她的外孙女海琳。她会坐在那儿和外孙女一起做沙子馅饼，一直玩到该去参加

① 让·弗雷德里克·约里奥-居里（1900—1958），法国物理学家，1935年他与妻子艾琳（居里夫人大女儿）共同获得诺贝尔化学奖。他不但是著名的核物理学家和化学家，而且是著名的和平卫士。他对中国人民抱有同情态度，不但应学生钱三强之邀，积极参与营救被美国扣押在日本的物理学家赵忠尧，而且他郑重向毛泽东建议，中国也要搞原子弹。约里奥-居里的建议促进了中国发展自己的原子能科学。

② 拉瓦锡（1743—1791），法国化学家，在法国大革命期间，因政治问题受牵连被处死。

医学科学院会议的时间。在会上，她是唯一的女性院士，她的座位紧靠着她的朋友鲁博士——巴斯德最忠实的信徒。

会后，玛丽回到实验室工作，通常工作到晚饭时间；有时，若是实验需要，她会一直工作到凌晨两点。

有时为祝贺某个学生成为博士，实验室会在下午举办茶会，从而使紧张的工作有所放松。茶会上，科学研究用的玻璃杯变成了茶具，玻璃管被用作调羹。茶会结束时由玛丽发言，她总会对新晋的博士表示祝贺。为庆祝艾琳和她的丈夫弗雷德里克·约里奥成为博士而举行的两次茶会是最令她高兴的时刻。1934 年，艾琳夫妇有了重大科学发现，其伟大之处不亚于发明了人工无线电。他们用镭射线冲击铝和其他物质，并把它们转化为新的放射性元素，从这些物质当中可以提取到镭，这片领域前人从未涉及①。科学家们看到，一个新的时代可能即将到来，那就是制造一种新物质，来代替稀有的镭，去完成各项工作。这可是件大好事儿啊！因为穿过花园，在镭研究院对面的那栋楼里，人们正在借助镭来治疗癌症，这就是著名的居里疗法。镭是多么不可或缺的稀有物质啊！

---

① 居里夫人 1934 年预计女儿女婿会因此获得诺贝尔奖。1935 年长女艾琳和女婿约里奥获得诺贝尔化学奖，其时，居里夫人已经去世。

最后，玛丽还要授课，那是她痛恨的事儿。每逢周一和周五，她就感到紧张难受，因为从大清早一直到下午五点，她必须要站在小阶梯教室里，一次给大约三十个学生上课。

在那几年里，她面临失明的危险。医生告诉她，在近乎失明的状态下，她必须要忍受两到三年时间，然后才可以进行手术。也许他们从未想过那对她意味着什么。她要工作，她讨厌怜悯。无论发生什么，她不想让其他人知道有关她眼睛的事情。艾芙在眼科医生那里为她专门定制了眼镜。如果她要修改学生论文，她就会让学生带着论文来找她。她会巧妙地问学生一些有关论文的问题，这样她就会知道学生的论文写了些什么。她想了很多妙计来掩饰自己的不幸，大家虽然已经猜到了，但都假装不知，对她非常友善。在接受了四次手术之后，她要让眼睛重新学会看东西。尽管眼睛不像以前那样灵活了，但她并没有失去勇气。她努力坚持，终于，她的眼睛又可以看到周围的世界了。

还是让我们来继续关注玛丽眼疾恢复之后的日子吧。家中只剩下玛丽和艾芙在吃晚餐。饭后，艾芙要出门，而玛丽有点儿劳累，她躺在沙发上看着女儿的连衣裙。“这是多么可怕的高跟鞋啊，艾芙！你永远也无法让我相信女人非得踩着这样的高跷走路。”

“而这件连衣裙是什么样子啊，为什么要在衣服背上开口呢？在胸前开口还勉强，可这件连衣裙竟然在背后开了这么大的口，有几公里长吧？不过这件连衣裙还是很漂亮的。转一圈让我看看你穿着它有多美丽。”玛丽吃惊地看着女儿：“当然原则上我不反对这种涂抹，我知道人们一向是这样的。古埃及妇人还发明过比这糟糕得多的装饰……我只能对你说一件事，我认为这很可怕。你使你的眉毛受罪，抹口红也没什么意义。”

“可是妈妈，这样我就更加漂亮了。”

“更漂亮！！！你听着，明天早晨，我会在你睡在床上、还没来得及把这些可怕的东西抹在脸上之前来亲吻你，这可以让我心里稍微舒服一些，因为我不会吻到这些颜料。”

艾芙离开后，玛丽坐在扶手椅里，读几页诗歌，看点儿自己喜欢的小说，但时间不会超过一个小时。地板就是她工作的地方，她可以把物理论文围着自己放一圈，一直到凌晨两点她都在专心地进行运算。

艾芙回家时发现母亲依然在全身心地工作，全然没有注意到自己。母亲用波兰语出声地计算着什么，声音只有在学校授课的一半大。

第十八章

在国外

1920 年 5 月，烈日炎炎。巴黎所有的栗树都开花了，玛丽像往常一样工作着。但是有一件事儿会打乱她的工作，这件事很突然，她丝毫没有料到。

玛丽从不会见新闻界人士，更不用说女记者了。她不喜欢接受采访，她不愿被关注。她有一些小纸条，上面简洁地印着："居里夫人不愿……"这是她礼貌而坚决地对那些想见她的人所说的话。

但是在美国居住的爱尔兰人有时用一种特殊的方式征得玛丽

的同意，他们会使用一些恰当而无法使人拒绝的词句。有一个叫麦隆内的夫人曾经给玛丽写过一封信：“我的父亲是位医生，他常对我说，人的重要性是不能随意夸大的。可是二十年来，您是我心目中最崇拜的人。我恳请您允许我对您做一次简短的拜访，哪怕是几分钟时间也好。”这句话也就是在说：“一只小猫能有福气见见女王吗？”玛丽打破了她所有的规矩，说：“好吧。”

五月的一个清晨，麦隆内夫人在镭研究院的小会客厅里等待着玛丽，她对当时的情景是这样描述的：

> 会客室的门开了，一位面色苍白、穿着黑色棉布衣服的老年妇女羞怯地走进来。她那美丽、坚毅而又温和的脸上，带着专心学问的人常有的那种心不在焉。突然，我觉得自己是一个冒犯者；我变得比居里夫人还要拘束。我以记者为业已经二十多年，可是在这个毫无防备的黑衣妇人面前，竟问不出一句话来。

是玛丽和她谈论美国，谈论镭，才使得她不那么紧张。玛丽告诉她，在美国有50克镭，自己准确地知道每个镇上有多少克镭。

“法国有多少呢？”麦隆内夫人问。“我的实验室里有一克多镭。”

“您只有一克镭吗？”

“我？不，我一点儿也没有。我刚才说的这克镭属于我的实验室。”

后来，麦隆内夫人谈到了申请专利。她说，玛丽可以从用她的方法制造镭的人那里收取一些钱。

“在这个世界上，没有人应该因镭致富，”玛丽说，“它是一种化学元素。它属于全人类。”

就在那一刻，麦隆内夫人觉得玛丽为全世界做出了巨大贡献，人们应该送给她一份礼物作为对她的回报。突然她说：“如果把世界上所有的东西任您选择，您最愿意要的是什么呢？”

玛丽迟疑了一下，“我需要……需要一克镭来继续我的研究，但我买不起。对我来说，它太昂贵了。”

那时，麦隆内夫人觉得她应该让美国同胞送一克镭给玛丽。回国后，她找到十位有钱的妇女，试图劝说她们每人出三千英镑，凑起来买这份礼物，但没有成功。因为只有三人愿意慷慨解囊。后来，她转而组织动员全美国的女性捐款。她认为美国女性都应加入这一行动中。不到一年时间，她给玛丽写信说道：“钱已凑足。您发现的镭，现在终于是您的了。”

这次募捐使得所有美国人很兴奋。没过多久，居里夫人镭基金也在美国家喻户晓，谁都想见见居里夫人。但是玛丽很怕见人，她只想安静地工作。她不想去美国，可以前从来没有人送给她如此珍贵的礼物。她又开始找理由搪塞：她不能与女儿分开。这难不倒好客的美国人，他们同样邀请了玛丽的女儿，并告诉玛丽，美国总统会亲自将这一克镭赠给她。

玛丽和艾琳、艾芙将她们的衣服装进一个大行李箱，正如美国期望的那样，乘坐奥林匹克号轮船头等豪华舱前往美国。在法国，人们在歌剧院为她们举行了盛大的欢送仪式，最著名的演员，包括萨拉·贝恩哈特和圭特瑞斯都参加了。途中，只有大西洋拒绝向科学致敬，依旧喜怒无常、浊浪排天，没有受到文明的熏陶。这让玛丽十分向往家乡蓝色的大海。

奥林匹克号到岸后，随玛丽一行的麦隆内夫人把玛丽领出船舱，使她感受到了真正的美国式的欢迎。那种真挚而热烈的场面只有亲身经历过才能感受得到。美国民众为迎接他们的“人类的恩人”足足等了五个小时。那时正值夏季，蔚蓝的天空下，辉煌的摩天大楼巍然矗立。波兰国旗、法国国旗和美国国旗将码头装点得五颜六色。学生、女童军和三百名侨居美国的波兰妇女代表在她面前挥动着红、白两色玫瑰花。上层甲板上放置了一把扶手椅，她坐在上面，像是一个极力要表现好的小孩儿，麦隆内夫人帮她拿着帽子和手提包，给她摆好姿势拍照。“居里夫人，头再往右一点儿。”“请看这边……”

美国近乎疯狂地欢迎居里夫人。美国人决心让整个世界都清楚地看到，科学家是最伟大的人。玛丽热爱科学，不屑追逐利益，她坚信人们活着的真正目的是奉献，这一切深深地打动了美国人。

热情的美国人想尽一切办法和方式欢迎玛丽，各地都盼望她的到来，似乎都忘记了距离的远近。美国人民为玛丽举行了五百人参加的盛宴，但也忽略了宴会时间的长短。人们授予她各种学位、奖章和荣誉称号，却不知道她在法国是不愿意接受这些荣誉的。他们邀请她出席大学的典礼，却吃惊地发现她既没有礼帽也没有教授长袍。他们献上专门为她培植的鲜花，却没有想到她一向喜欢大自然的野花。爱，经常就是这样；玛丽尽管很疲倦，但她也能理解。她唯一不能忍受的是那件订做的华丽教授长袍，丝绸料子会刺激她曾被镭灼伤过的纤细手指。

玛丽首先访问女子大学。不论她走到哪儿，都能看到穿白色衣服的少女站在道路两旁，有时少女们甚至会成群穿过田野去迎接她的马车。在纽约，人群聚集，女大学生们排成长长的队列，向她弯腰鞠躬，轮流给她献上代表法国的百合花或是代表美国的玫瑰花。在另一次各国名流和大使出席的聚会上，玛丽被授予“自由纽约”勋章。在她之后，帕德雷夫斯基也被授予过相同的勋章。而后者在很久以前，在他还在为钢琴艺术而奋斗时，玛丽曾经为他鼓掌喝彩，激励过他。

接下来就是将镭赠予居里夫人的重要时刻。

白宫为这盛大的日子做足了准备。美国总统和所有重要的人物都会见了玛丽，可是要赠予玛丽的镭并没有出现在现场。赠授镭的盛典用仿制镭做替身，因为镭太贵重，辐射也太危险，所以仍旧安全地留在工厂里。一个装着仿制镭的匣子放在东厅中央的一张桌子上。

四点钟，大厅的门徐徐打开，只见一列人走进来，哈定[1]总统轻轻挽着玛丽的胳膊步入大厅。

总统的演说亲切地称玛丽是一位品德高尚的学者、忠诚的妻子和慈爱的母亲，在极其出色地完成艰苦工作之外，还完美地履行了一个女人的全部职责。

演说结束后，总统把一卷文件交给玛丽，并把可以开启装有镭的金属匣的金钥匙佩戴在玛丽的脖子上。在蓝色的大厅里，玛

① 哈定（1865—1923），美国第二十九任总统。

丽坐在一张椅子上，宾客们逐一走到她跟前，艾琳和艾芙代她握手，因为玛丽太劳累了。

玛丽拥有了一克镭！在举行赠镭仪式的前一天晚上，麦隆内把赠镭证书拿给玛丽审阅时，玛丽坚持，无论如何要请一位律师来公证将这一克镭合法赠予玛丽的实验室。麦隆内建议一周后公证也不迟，而玛丽坚持说："今晚我可能就会死的！"自那晚起，这克镭属于玛丽的实验室了，她可以用来继续她的研究了。

在美国，还有许多地方等着玛丽去访问。使尊贵的客人如此劳累，美国人感到十分惭愧，他们采取了种种策略以减轻玛丽的疲劳。有时他们让玛丽在火车到达目的地的前一站下车。可激动的人们发现后，又驱车去迎接玛丽。有时火车进站后，玛丽会被安排从背面的站台下车，然后悄悄越过铁轨，其实这并没有使她得到休息。有时艾琳和艾芙会代替母亲出席一些仪式、典礼。

玛丽亲自出席了波兰人在芝加哥为她举行的庆祝仪式。在他们眼中，玛丽是他们遥远的祖国的象征，她所取得的成就是波兰的成就。人们的脸上满是喜悦的泪水，他们想要亲吻她的双足和裙边。

六月底，玛丽乘坐奥林匹克号轮船回国，她带着那一克镭，把它藏在船上锁簧复杂的保险箱里。她在信中，提到的不是镭，而是为波兰和法国赢得了美国人的友谊而激动、喜悦的心情。

美国人的欣喜让玛丽明白了自己对于这个伟大的世界有多么重要。她意识到，哪怕仅仅是她的名字或是她的每次露面，都会对她所关爱的事情有所帮助。因此，她去了更多的地方旅行，出席了更多的典礼和会议。她成了全世界著名的人物。她访问了南美、西班牙、英国和捷克斯洛伐克。

她喜欢旅行中见过的一切奇特事物。她喜欢看鱼儿跳出水面，跃入空中。在赤道处，她因看不见自己的影子而觉得有趣。她喜欢生长在陌生地方的野花，不论是见过的还是没见过的。

除了旅行中见到的、喜爱的事物，她还有其他热爱并为之奋斗的事。正如其他为人类服务的人一样，她憎恨战争。战争期间，为了保卫祖国，她尽了一个士兵的责任；和平时期，她愿意为阻止将来的战争而服务。她不会花时间做研究以外的事儿，但她破了一次例：国际联盟理事会推荐玛丽·居里为国际文化合作委员会委员，玛丽接受了。这个组织致力于寻找使不同国家共同努力的途径。玛丽加入该组织的目的不仅仅是做做演讲。她着手做了一些具体的事情。一是要求各国科学家用统一的科学符号和术语，把全世界的科学书籍和科学发现整理出来，编辑文献目录，以便研究者查阅参考。

接着，玛丽制定了一项方案来帮助那些因贫困而无法发挥才能的科学天才，无论他们来自哪个国家。她觉得，放弃天才是一种可怕的浪费。她倾尽全力让世界多一些自由、和平，让更多的人研究科学。巴黎镭研究院的工作已经展开，她决定在华沙也建立一个镭研究院。她远在波兰的姐姐布罗妮雅发起这项呼吁。很快，波兰贴满了宣传海报；所有的邮局都在出售印有玛丽头像的邮票；明信片也在倡导“玛丽·斯可罗多夫斯卡·居里研究院”，明信片上还印有玛丽亲笔写的一句话：“我最大的愿望，就是在华沙建立镭研究院。”

1925 年，玛丽去华沙出席镭研究院奠基仪式。波兰共和国总统为研究院砌第一块砖，玛丽砌第二块。有趣的是，总统问她是否还记得借给过他旅行用的枕头，因为自己那时还很贫穷。她笑着回答说：“我还记得你忘了还我呢。”她还记得，正是科塔尔宾斯基先生曾在舞台上向玛丽致过颂词，而年轻的玛丽还曾经用野花为他编织过一个花环。

但是镭研究院如果没有镭，就会成为非常奇怪的地方。麦隆内夫人又一次说服玛丽到美国，玛丽又一次来到了纽约。美国将另一克镭赠予了玛丽。这次玛丽以波兰的名义向美国致谢。在白宫，她发现那里摆满了象，有大象、小象、微型象，还有白象，非常有趣。临别时，她得到了两只象作为礼物，一只象牙雕刻的小象和一只小得几乎看不见的微型象。象是美国当时的执政党——共和党的象征。玛丽带着这两只象和镭回到了华沙。研究院开始了救治病人的工作。

与当年还是小女孩儿时一样，玛丽沿着维斯杜拉河散步，并写下：

> 昨天早晨我独自在维斯杜拉河边散步，河水缓慢地在宽阔的河床里蜿蜒流淌，近处是青绿色，远处因为倒映着天空而呈现出蓝色。有几处露出水面的可爱沙洲在阳光下闪烁，限制住那无定的河流。沙洲边上有几条耀眼的光，可以看出比较深的水流界限。我感觉到一种不能遏制的欲望，想在这些光辉壮丽的沙滩上散步……有这样一首赞美维斯杜拉河的歌，歌中唱道："谁要是爱上了你，死也不会忘怀。"我觉得这话十分贴切。这条伟大的河流有它独特的迷人之处。

第十九章

假期

在布列塔尼有一个地方，粉红色的花岗岩峭壁和岩石一直延伸到蔚蓝的大海里，海水清澈而平静。岩石外围的海上散布着大大小小数不清的岛屿，挡住了大西洋的汹涌波涛。岩石中的一处角落是拉古埃斯特，那是一群渔民的村舍。它不是村庄，仅仅是一个隐居处，布列塔尼的渔妇们从那里进进出出，她们戴着宽宽的白色麻布裹头巾，避免受到过多的风吹日晒。

高高的旷野上，玛丽灯塔一般的小度假屋就在一条清晰蜿蜒的小路上，虽只是几间破旧的小屋，可周围却景色优美。在拉古埃斯特，玛丽只是一个普通人。此地的国王是一个驼背小老头儿，透过他的眼镜，人们总会看到一双笑眯眯的眼睛。他的宫殿是一所低矮、狭长的茅草别墅，五叶地锦、牵蔓的金钟花一直装饰到屋顶，屋里充满了来此地旅行度假者的欢声笑语。小屋被称作塔山维昂，在布列塔尼语中，意思就是“一片小果园地”。因为“宫殿”就建在一座果园里。除非刮东风，塔山的门总是开着，这位年长国王的所有臣民——玛丽、艾琳、艾芙、约里奥和孩子们，还有科学家和作家——事实上所有爱他的人和他爱的人，每天都会来拜访他，却没有人曾想到过，他，就是在世的最博学的历史学家之一——人们所熟知的查理·瑟诺博斯①。他发现了拉古埃斯特这个地方，此后每年夏天，巴黎最有智慧、最博学的人都会来这儿度假。

每天清晨，玛丽都戴着一顶褪色的亚麻布帽子，上身穿着黑色双排扣夹克，下身穿一条旧裙子，光脚穿着凉鞋出门。她的上衣似乎是拉古埃斯特的“村服”，渔夫渔妇们都穿着同样款式的衣服。她从那片高原出发，一路穿过陡峭的山崖，最后来到鲜花烂漫的果园里。

“早上好，居里夫人。”瑟诺博斯说。

“早上好！”大约十五个躺在草地和花丛中的人回答道，他

① 查理·瑟诺博斯（1854—1942），法国历史学家。

们穿着奇怪的服装，看上去就像一群吉普赛人[①]。

玛丽把背包往地上一放，在背包旁边坐下来。拉古埃斯特就像其他地方一样，也有明显的社会差别；但是这些差别和其他多数村庄不同。在拉古埃斯特，等级最低的人叫作“俗人”，他们是不属于拉古埃斯特的陌生人。其上是“大象”，他们是没有航海生活天赋的朋友，他们觉得在海上生活不如陆地舒适，是群“旱鸭子”。他们值得同情，但通过努力，他们还是能够改善地位的。“大象”之上，是荣耀的“水手”。最高的神圣等级是“鳄鱼”，他们熟知海上生活的一切技巧。他们不但会游泳，而且会“爬行”，还能在最猛烈的水流中驾驭船只。玛丽从来不算“俗人”，也几乎没有希望得到“鳄鱼”头衔。她做了短期的“大象”，现在成了“水手”。

瑟诺博斯一声令下，“水手”们解开停靠在码头的两艘帆船和六艘划艇，将舢舨和小艇划到岩石着陆的地方。

“上船！上船！”瑟诺博斯命令。“我划尾桨，居里夫人划头桨，佩韩和波莱尔划两边大桨，弗朗西掌舵。”

① 著名的跨境民族。吉普赛人可能原居今伊朗境内，十世纪前后开始外移，遍布世界各洲。吉普赛作为一个天生流浪的民族，内心有着关于流浪的一些浪漫的向往和天生的特质。

所有的船员都是教授。有一人用力过猛，白绿相间的小船卷入漩涡里。掌舵人让划手注意：“头桨没有随着尾桨！”玛丽脸红了，她调整了划法。阳光下海面泛起涟漪，水手们唱起了歌：

三个小伙子划船去小岛！

船上载满了欢笑！

来到小岛上的是三个小伙子……

第三首歌结束时，他们换了桨手，因为穿过急流到罗斯夫拉需要力气更大的前桨手——罗斯夫拉是一个淡紫色荒岛——拉古埃斯特人差不多每天早晨都要到那里去洗海水浴。男人们在空船旁边的岸上脱衣服，与棕色的海鸥一起分享着海岸；妇女们有天然的礁石更衣室，里面铺满有弹性而且很滑的水草。

玛丽第一个跃入清澈的海水中，尽管她还不能在水中“爬行”，但她游得不错。她变年轻了，人们忘记了她藏在泳帽底下的灰白头发和满脸皱纹，只是赞美她苗条灵活的身体。她动作优雅，并为自己的游泳技巧而自豪。“难道我不比波莱尔游得好吗？”她大声对艾琳说。“好多了，妈妈。她简直没法和你比。”艾琳从不吹捧别人，她说的是实话。

游完泳，玛丽一边享受着日光浴，一边吃着一块小酥面包。“生活真美好，”她小声说，或者，“这难道不美吗？”在拉古埃斯特，任何人，包括玛丽，都很难用语言描述这里的美。拉古埃斯特是世界上最美的地方，人人都知道这一点，因此反而很少有人再说起它的美了。

中午，船员们唱着歌划船回家了。玛丽光着脚，一手提着裙子，一手提着凉鞋，光脚踩着黑泥上岸——岸边栖息着成群的白色海鸥。

同伴们各自回家吃饭，大多数人乘坐野玫瑰号快艇两点返回塔山。快艇和船都属于瑟诺博斯。这里所有的东西都属于他，但是他是那种愿意将自己的财产与朋友分享的人。玛丽没有去航海，她觉得航行很费时间。相反，她会坐在家里的灯塔上修改论文，或是拿着铁锹、耙子和剪刀在花园里做点事儿。芦苇和荆棘扎得她的手指出血，她不小心踩到石块会扭伤脚踝，有时锤子也会砸伤她的手，可她不在乎这些小事儿。六点时，她又会去游泳，在拉古埃斯特她会陪伴一位年纪最长的老妇人，在那儿看野玫瑰号的返航。野玫瑰号在晚饭前返回，夕阳的映照下，船帆被染成金黄色。兴高采烈的船员终于回到了拉古埃斯特，姑娘们的头上都戴着康乃馨，那是瑟诺博斯每天从花园里摘来送给她们的。

晚饭后，所有人都穿过那道永远开着的门回到拉古埃斯特。他们会玩造字或猜字谜的游戏，有时也会玩球类游戏。手风琴演奏着古老的舞曲，所有人都会随着音乐翩翩起舞——无论科学家还是农民，仆人还是主人。

天气好的夜晚，玛丽会和艾琳、艾芙手挽手一起在深红色的海边散步。突然的海风会带着巨大的浪花扑打在暗礁上，隆隆作响。这好像是在提醒玛丽，她的镭也是如此，虽然光芒四射，可也有危险。拉古埃斯特距潘波勒很近，拉古埃斯特人终日在阳光海滩上玩耍嬉戏，而潘波勒人属于冰岛捕鱼人，海洋的阴暗苦涩，对人类的冷漠残酷，他们是再明白不过的了。

每年假期，玛丽都会享受波光粼粼、纯洁无瑕的大海。工作时，她与镭亲密接触，吸入它的射线，也灼伤了她的手，因为她不愿意穿厚厚的防护物，尽管她会让别人穿上。镭使她的血液发生了奇怪、神秘的变化，法国医术最高的医生对此也无能为力。

1934 年 7 月 4 号，夏季里的一天，在坐落于群山之间的桑塞罗默疗养院，由于一种不为人们所知的疾病，玛丽逝世了，终年 67 岁。医生们推测，她的去世，可能是因为她与她那伟大的发现——镭，有过太多的亲密接触。

图书在版编目（CIP）数据

居里夫人的故事 / (英) 埃列娜 · 杜尔利 (Eleanor Doorly) 著 ; 陈元飞 , 谢萌译 . — 南京 : 江苏凤凰文艺出版社 , 2024.1
ISBN 978-7-5594-8111-5

Ⅰ . ①居… Ⅱ . ①埃… ②陈… ③谢… Ⅲ . ①居里夫人 (Curie, Marie 1867-1934) - 传记 - 青少年读物 Ⅳ . ① K835.656.13-49

中国国家版本馆 CIP 数据核字 (2023) 第 230264 号

居里夫人的故事

［英］埃列娜 · 杜尔利 著 陈元飞、谢萌 译

责任编辑 项雷达
特约编辑 文瑞英 房晓晨
装帧设计 八牛 · 書裝 · 設計 3450844@QQ.COM
责任印制 杨 丹
出版发行 江苏凤凰文艺出版社
南京市中央路 165 号，邮编：210009
网 址 http://www.jswenyi.com
印 刷 北京永顺兴望印刷厂
开 本 880 毫米 ×1230 毫米 1/32
印 张 7
字 数 120 千字
版 次 2024 年 1 月第 1 版
印 次 2024 年 1 月第 1 次印刷
书 号 ISBN 978-7-5594-8111-5
定 价 39.80 元
